Urteile des Sondergerichts Kalisch und der Richter Ferdinand Trümper aus Duderstadt

Schriftenreihe der Geschichtswerkstatt Duderstadt

Götz Hütt

Urteile
des Sondergerichts Kalisch

und

der Richter Ferdinand Trümper
aus Duderstadt

GWD

Bibliografische Information der Deutschen Nationalbibliothek
Die Deutsche Bibliothek verzeichnet diese Publikation
in der Deutschen Nationalbibliothek; detaillierte bibliografische Daten
sind im Internet über http//dnd.dnb.de abrufbar

Herstellung und Verlag:
BoD – Books on Demand
Norderstedt

ISBN 9783734780608

Inhaltsverzeichnis

6

01 Einleitung

Viktoria P. war Polin und lebte während des Zweiten Weltkrieges im Wartheland, also in einer Region, die 1939 durch das „Dritte Reich" nach dem Sieg über Polen annektiert worden war und als Reichsgau eingedeutscht werden sollte. Viktoria P. war 19 Jahre alt und begehrte, wenigstens für kurze Zeit heraustreten zu können aus der ihr zwangsweise zugeordneten Rolle eines „rassisch minderwertigen" Menschen. Dieses Begehren brachte sie in Untersuchungshaft und als Angeklagte vor eine Kammer des Sondergerichts in Kalisch. Kalisch, so hieß die an der Warthe gelegene polnische Stadt Kalisz während der deutschen Besetzung.

Im Warthegau galt das Recht des NS-Staates, dem auch Viktoria P. unterworfen wurde. Ihr Vergehen hatte nach Auffassung des Sondergerichts darin bestanden, dass sie als Angestellte in einem deutschen Haushalt um Weihnachten 1942 ein BDM[1]-Abzeichen, welches in einem Schlafzimmer auf dem Fensterbrett abgelegt war, an zwei Tagen zeitweise an sich nahm. Sie hatte es – so die Feststellung der Richter - an ihrem Mantelaufschlag befestigt und war damit in die Stadt gegangen. Die Polin wollte also als Deutsche erscheinen und befristet Achtung und Vorrechte der „Arier" genießen. Zusätzlich hatte sie auch ohne BDM-Abzeichen verbotenerweise Gaststätten betreten, die nur Deutschen vorbehalten waren. Beide Handlungen verstießen gegen nationalsozialistische Rassenvorstellungen und Rechtsbestimmungen.

Nach eigenem Verständnis ließen die Richter verhältnismäßige Milde walten und verhängten im Hinblick auf Jugend, bisherige Unbescholtenheit und Reue der Angeklagten fünf Monate Straflager als Sanktion, wobei die Untersuchungshaft von etwa zweieinhalb Monaten auf diese Strafe angerechnet wurde. Straflagerhaft aber war immer hart und nie milde. Das Gericht hatte ein Unrechtsurteil verhängt.

---

[1] BDM = Bund Deutscher Mädel, Teilorganisation der Hitlerjugend.

Urteil.

Im Namen des Deutschen Volkes!

Strafsache

gegen die Hausgehilfin Viktoria P[...] aus Kempen, Adolf Hitler Str. 23, geboren am 24.11.1924 in Drossen, Kreis Kempen, polnischer Volkstumszugehörigkeit, seit dem 16. Februar 1943 in Untersuchungshaft,

wegen unbefugten Tragens eines BDM-Abzeichens,

hat das Sondergericht beim Landgericht in Kalisch in der Sitzung vom 28. April 1943, an der teilgenommen haben:

Landgerichtsdirektor Dr. Müller
als Vorsitzender,

Landgerichtsrat Walter,
Amtsgerichtsrat Trümper
als beisitzende Richter,

Staatsanwalt Dr. Lubbe
als Beamter der Staatsanwaltschaft,

für Recht erkannt:

Die Angeklagte wird auf Grund der Polenstrafrechtsverordnung wegen unbefugten Tragens eines BDM-Abzeichens zu 5 Monaten Straflager und den Kosten des Verfahrens verurteilt.

Die Untersuchungshaft wird angerechnet.

Gründe.

Bis zum 31.12.1942 war die Angeklagte bei der deutschen Fotografin Andrejewski in Kempen als Hausangestellte tätig, nachdem sie das vorher zwei Jahre im NSV[2]-Kindergarten und aushilfsweise 3 Monate lang bei Frau von Menzenkamp in Kempen gewesen war. Sie ist jedes Mal entlassen worden, weil sie in dem Verdacht stand, gestohlen

---

[2] NSV: Nationalsozialistische Volkswohlfahrt.

8

zu haben. Das gegen sie deswegen anhängig gemachte Verfahren ist eingestellt worden.

Die Pflegetochter der Frau Andrejewski, Sophie Stensala, ist Mitglied des BDM. Um Weihnachten 1942 nahm die Angeklagte deren auf der Fensterbank des Schlafzimmers liegendes BDM-Abzeichen an zwei verschiedenen Tagen an sich, steckte es an ihren Mantel und ging damit in die Stadt.

Die Angeklagte hat behauptet, dass ihre Eltern auch für sie mit die Aufnahme in die Deutsche Volksliste beantragt hätten. Das trifft nach der beigezogenen und vorgetragenen Auskunft des Landrats in Kempen (...) aber nicht zu. Es mag sein, dass die Eltern der Angeklagten, wie das viele Polen in den schon früher einmal deutsch gewesenen Gebieten getan haben, in den Jahren 1940 oder 1941 um ihre Aufnahme in die Volksliste zunächst formlos nachgesucht haben, weil sie glaubten, dass sie aufgenommen werden könnten. Sie werden damals, wie das üblich gewesen ist, aber darauf hingewiesen worden sein, dass ihre Aufnahme vielleicht später einmal erfolgen könnte. Jedenfalls hat die Angeklagte, die selbst nicht angeben kann, dass einer ihrer Vorfahren deutsch gewesen ist, gewusst, dass sie als Polin gilt, solange sie nicht in die Deutsche Volksliste aufgenommen ist. Sie wusste deshalb auch, wie sie zugegeben hat, dass sie das BDM-Abzeichen nicht tragen durfte.

Die geständige Angeklagte hat danach unbefugt ein BDM-Abzeichen getragen und sich dadurch nach I Abs. 3 der Polenstrafrechtsverordnung[3] schuldig gemacht.

Bei der Strafzumessung war zu ihren Gunsten zu berücksichtigen, dass sie noch jung und noch nicht vorbestraft ist. Sie hat auch offenbar aus jugendlichem Leichtsinn und aus einem gewissen Geltungsbedürfnis heraus gehandelt. Gleichwohl muss aber jedem Versuch, die Unterscheidung zwischen Deutschen und Polen zu verhindern oder zu erschweren, im Interesse des Volkstumskampfes entschieden entgegen

---

[3] Polen und Juden waren dieser Bestimmung nach mit dem Tode, in minderschweren Fällen mit Freiheitsstrafe zu bestrafen, „wenn sie durch gehässige oder hetzerische Betätigung eine deutschfeindliche Gesinnung bekunden, insbesondere deutschfeindliche Äußerungen machen oder öffentliche Anschläge deutscher Behörden oder Dienststellen abreißen oder beschädigen oder wenn sie durch ihr sonstiges Verhalten das Ansehen oder das Wohl des Deutschen Reiches oder des deutschen Volkes herabsetzen oder schädigen".

getreten werden. Die Angeklagte hat sich über diese Notwendigkeit nicht nur durch unbefugtes Tragen des Abzeichens, sondern auch dadurch hinweggesetzt, dass sie, wie sie zugegeben hat, mehrere Male deutsche Gaststätten aufgesucht hat, obwohl ihr das als Polin nicht gestattet ist, wie sie weiss.[4] Dass sie bei diesen Gelegenheiten das Abzeichen getragen hat, hat sie bestritten. Es war ihr das auch nicht zu widerlegen. Sowohl aus dem unbefugten Tragen des Abzeichens als auch aus den verbotenen Gaststättenbesuchen geht hervor, dass sie die deutschen Gebote missachtet. Nur mit Rücksicht auf ihre Jugend und ihre offensichtliche Reue ist die verhältnismäßig milde Strafe von 5 Monaten Straflager ausgeworfen worden, auf die wegen des Geständnisses der Angeklagten die Untersuchungshaft angerechnet werden konnte.

Die Kostenentscheidung beruht auf § 465 RStPO.

Gez. Dr. Müller   gez. Walter   gez. Trümper[5]

Das Sondergericht hielt es also für erforderlich, dem von Viktoria Pawlowski unternommenen *„Versuch, die Unterscheidung zwischen Deutschen und Polen zu verhindern oder zu erschweren"*, nachdrücklich entgegenzutreten. Diese Unterscheidung, Ausdruck eines Rassenwahns, verstanden die Richter als *„Notwendigkeit"*, denn neben die rassistische Einstellung trat sozialdarwinistische Ideologie, die einen *„Volkstumskampf"* zwischen Deutschen und Polen propagierte.[6]

Solche im Sinne nationalsozialistischer Weltanschauung geübte Urteilspraxis des Sondergerichts Kalisch wird in diesem Buch in Verbindung mit dem Handeln des Richters Ferdinand Trümper aus Duderstadt untersucht. Von zahlreichen Verfahren, an denen Ferdinand Trümper als Beisitzer einer Kammer jenes Sondergerichts teilnahm, sind Akten im Staatsarchiv Kalisz erhalten geblieben. Die schriftlichen Urteilsbegründungen sind Gegenstand dieser Untersuchung. Sie zeugen davon, wie das Sondergericht zwar auch über Fälle gewöhnlicher Kriminalität verhandelte, hauptsächlich aber als ein Herrschafts- und Unterdrückungsinstrument

---

[4] Hier wie in allen folgenden Zitaten aus den schriftlichen Urteilen des Sondergerichts Kalisch wird die dortige Schreibweise übernommen.
[5] Staatsarchiv Kalisz: Sondergericht Kalisz 1939-1944, Nr. 385.
[6] A.a.O.

des NS-Staates wirkte. Es urteilte nach zweierlei Recht, einem für die polnischen „Untermenschen" und einem anderen für deutsche „Herrenmenschen". Es entschied auf der Grundlage von Rechtsverordnungen und Gesetzen, die Un-Recht waren. Es verurteilte Abweichungen von der nationalsozialistischen Weltsicht. Es rechtfertigte Rassenideologie und Unterdrückung. Es diente den verbrecherischen Zielsetzungen des NS-Staates im annektierten Warthegau, indem es dahin wirkte, neben der „Germanisierung" der Region auch die Führung des Eroberungs- und Vernichtungskrieges an der „Heimatfront" abzusichern. Es bemühte sich dabei, den Anschein der Rechtlichkeit zu wahren.

Ferdinand Trümper, 1942/1943 Richter am Sondergericht Kalisch, begann seine berufliche Laufbahn im „Dritten Reich" und schied 1969 aus Altergründen aus dem Justizdienst des Landes Niedersachsen aus. Er war wegen seiner Mittäterschaft als Richter im NS-Staat unbehelligt geblieben. Seine Tätigkeit an einem Sondergericht hatte er nach 1945 verschwiegen. In seiner südniedersächsischen Heimatstadt Duderstadt war er seit 1952 als Amtsgerichtsrat tätig und 1967 zum Oberamtsrat und damit zum Leiter des örtlichen Amtsgerichtes aufgestiegen.

Dass Trümper in Duderstadt geboren wurde, hier aufwuchs und nach dem Zweiten Weltkrieg, sobald er konnte, hierher zurückkehrte, um in seinem eichsfeldischen Heimatort mit der verborgenen Vergangenheit eines Täters der NS-Zeit als angesehener, einflussreicher Bürger zu leben und sechzehn Jahre als Richter zu wirken, ist ein bislang übersehener Teil der Duderstädter Stadt- und Gerichtsgeschichte.

02 Der Werdegang Ferdinand Trümpers

Auf seinem langen Bildungsweg bis zum Beruf des Juristen musste Ferdinand Trümper zahlreiche und für ihn erhebliche Schwierigkeiten und Hindernisse mit Ausdauer und Zielstrebigkeit überwinden. Eine erste Tätigkeit als Richter wurde ihm 1939 übertragen. Zu dieser Zeit war er bereits 35 Jahre alt.

Geboren wurde Ferdinand Trümper am 1.12.1904 als zweites von fünf Kindern einer Kaufmannsfamilie. Den schriftlichen Lebensläufen in sei-

11

nen Personalakten bis 1945 zufolge[7] besaß sein Vater ein Möbelgeschäft in der überwiegend katholisch geprägten Kleinstadt Duderstadt. Eine enge Bindung seiner Eltern an die katholische Kirche lässt sich daran erkennen, dass sie ihren Sohn mit sechs Jahren nicht in die öffentliche katholisch-konfessionelle Volksschule schickten, sondern, seinen Angaben zufolge, in eine katholisch-kirchliche Seminarübungsschule in Duderstadt aufnehmen ließen. Das lässt darauf schließen, sie wünschten damals, er möge Priester werden.

Als die Seminarübungsschule im Herbst 1916 geschlossen wurde, wechselte Ferdinand Trümper in die öffentliche katholische Volksschule über. Um Ostern 1917, also im Alter von 12 Jahren, bestand er die Aufnahmeprüfung für die Sexta (Klasse 5) des staatlichen Gymnasiums für Jungen in Duderstadt. Nachdem sein Vater 1921 an den Folgen einer Verletzung aus dem Ersten Weltkrieg gestorben war, musste die Mutter das Möbelgeschäft aufgeben, aber ihr Sohn Ferdinand konnte doch weiterhin die höhere Schule besuchen. Dort legte er nach neunjähriger Gymnasialzeit im Herbst 1926, mit bald 22 Jahren also, die Abiturprüfung ab. Vielleicht verdankt er seiner Herkunft aus einer gut katholischen Familie, die ihn zur besonderen Beschäftigung mit religiösen Fragen anleitete und ein entsprechendes Verständnis in ihm weckte, dass er im Reifezeugnis für seine Leistungen im Fach Religion ein „Gut" erhielt, während dagegen seine Kenntnisse und Fertigkeiten in allen anderen Fächern durchweg nur als ausreichend, in Teilbereichen sogar als mangelhaft bewertet wurden.

Nach dem Ende der Schulzeit kam Ferdinand Trümper zunächst für ein halbes Jahr bei seinem Onkel in St. Andreasberg im Harz unter. Dieser Onkel war dort als Pfarrer tätig, und der Neffe half ihm bei der Verwaltung der Kirchengemeinde, bis er eine Stelle in der Landeskulturverwaltung antreten konnte. Ein Jahr lang, von Ostern 1927 bis Ostern 1928, war er als Landeskultursupernumerar[8] beim Kulturamt der Stadt Göttingen beschäftigt. Auf Anraten seines dortigen Vorgesetzten schrieb er sich zum Sommersemester 1928 an der Universität Göttingen ein, um Rechts- und Staatswissenschaften zu studieren.

---

[7] Staatsarchiv Poznań, Signatur: Oberlandesgericht Posen, Nr. 1130 bis 1134, und Landgericht Posen, Nr. 285. Diesen Akten sind auch alle anderen Angaben über den Werdegang Ferdinand Trümpers bis 1945 entnommen.

[8] Supernumerar = Beamtenanwärter.

Über die für ein Studium erforderlichen finanziellen Mittel verfügte Ferdinand Trümper nicht. Neben seinem Lebensunterhalt musste ein Student damals erhebliche Studiengebühren und Honorare an seine Lehrer bezahlen. Nach einem Studienhandbuch von 1931/32 lag das Existenzminimum ohne die Kosten für das Studium bei rund 150 Reichsmark im Monat.[9] Von seinem Onkel in St. Andreasberg erhielt Ferdinand Trümper ein Darlehen in Höhe von 3000 Reichsmark, zins- und tilgungsfrei und auf des Onkels Lebenszeit befristet. Einen weiteren Teil der Studienkosten verdiente er durch Arbeit in einem Baugeschäft, einer Tischlerei, einer Buchhandlung, einem Zeitungsverlag und als Handlungsreisender. Unter diesen Bedingungen studierte er zügig und auf seinen Fachbereich konzentriert, denn schon 1931 meldete er sich mit folgenden Worten zum Examen: „*Den Gang meines Studiums richtete ich nach dem von der rechts- und staatswissenschaftlichen Fakultät herausgegebenen Studienplan ein. Ich studierte in Göttingen sieben Semester und suche jetzt, da ich glaube, die nötigen Kenntnisse erworben zu haben, um Zulassung zur ersten juristischen Staatsprüfung nach.*"[10] Ferdinand Trümper bestand die Prüfung jedoch nicht und musste sie wiederholen. Am 28. März 1933 legte er dann vor einer Prüfungskommission in Celle die erste Staatsprüfung erfolgreich ab und beantragte sogleich die Ernennung zum Referendar.

Als Referendar war er jedoch seiner finanziellen Sorgen keineswegs ledig. Justizreferendare wurden in Preußen nicht besoldet; die Finanzierung ihres dreijährigen Referendariats mit anschließend mehrmonatiger Prüfungszeit blieb ihnen weitgehend selbst überlassen. Bei finanzieller Bedürftigkeit hatten sie lediglich die Möglichkeit, einen Unterhaltszuschuss zu beantragen. Schon diese Bezeichnung weist darauf hin, dass es sich nur um eine bescheidene Zuwendung gehandelt haben kann. Auf die Gesamtzahl der Referendare umgerechnet, betrug dieser Zuschuss 1933 in Preußen pro Kopf 48 Reichsmark pro Monat.[11]

Das auf drei Jahre angelegte Referendariat absolvierte Ferdinand Trümper bei verschiedenen Gerichten, Ämtern und einem Rechtsanwalt in der Region Südniedersachsen sowie beim Landgericht Hannover. In die Referendariatszeit fiel auch ein vorgeschriebener Lehrgang in dem „Gemeinschaftslager Hanns Kerrl" als Teil des Vorbereitungsdienstes.

---

[9] Siehe Schlüter, Holger (2006): S. 13 f.
[10] Staatsarchiv Poznań: Oberlandesgericht Posen, Nr. 1330.
[11] Siehe Schlüter, Holger (o.J.): S. 19.

Justizreferendare mussten nämlich von 1933 an im Sinne einer nationalsozialistischen Juristenausbildung zwischen der Ablieferung ihrer letzten schriftlichen Examensarbeiten und der mündlichen Prüfung mehrere Wochen in diesem Lager in der Nähe von Berlin verbringen. Ziel des Aufenthalts dort sollte eine charakterliche Prüfung im Gemeinschaftsleben mit anderen sein.[12] Die nationalsozialistischen Lagerführer beurteilten den Referendar Trümper 1935 nach ihren Maßstäben so:

„Trümper wurde am 20.8.1933 vom Stahlhelm in die SA überführt. Durch körperliche Beschwerden (Verstauchungen, Blasen und dgl.) wurde er viel im Dienst behindert. Obwohl er sich Mühe gab, überragten seine Leistungen den Durchschnitt nicht. Trümper hat sich früher offensichtlich niemals sportlich betätigt, sein Körper war infolgedessen verweichlicht und steif. Da er sich zu wenig zutraute, fehlte es ihm an dem nötigen Selbstbewusstsein. Eine gewisse Unsicherheit und Niedergeschlagenheit, die auf den Tod beider Eltern und die dadurch entstandene finanzielle Abhängigkeit von Verwandten zurückzuführen sein mögen, drücken seinem Wesen das Gepräge auf. Da er stets bescheiden und zu jedem freundlich war, war er bei seinen Kameraden, die Verständnis für seine Lage hatten, gern gesehen. "[13]

Am 11. Mai 1938 legte er vor dem Reichsjustizprüfungsamt in Berlin die zweite juristische Staatsprüfung ab. Die Länge seiner Referendarzeit von 1933 bis 1938 ist dadurch zu erklären, dass er auch die zweite Staatsprüfung wiederholen musste, wie einem Zeugnis des Oberlandesgerichtspräsidenten in Celle zu entnehmen ist: *„Trümper hat beide Staatsprüfungen ausreichend nach Wiederholung bestanden. "[14]* Nach Abschluss seiner Ausbildung zum Juristen arbeitete er vom 15. Mai 1938 bis 31. März 1939 als Journalist, nämlich als Schriftleiter in der „Südhannoverschen Volkszeitung" in Duderstadt, einem früheren, längst gleichgeschalteten Zentrumsblatt, das 1933 eine Auflage von etwa 2800 Exemplaren erreicht hatte.[15] Dann begann er eine Tätigkeit wenigstens in der Nähe des Richteramts. Ab April 1939 trat er als Rechtspfleger in den Dienst der Reichsjustizverwaltung ein und war an den Amtsgerichten Freiburg an der Elbe sowie Blomberg und Hohenhausen in Lippe tätig.

---

[12] Siehe dazu Schmerbach, Volker (2008).
[13] Staatsarchiv Poznań: Oberlandesgericht Posen, Nr. 1334.
[14] A.a.O.
[15] Siehe Dörries, Johannes (1984): S. 3.

Voraussetzung für die Einstellung in den Staatsdienst als Richter war von 1939 an die Mitgliedschaft in der NSDAP. Wollte Trümper also Richter werden, musste er der Partei beitreten. Am 20.10.1939 stellte er einen Aufnahmeantrag, seit dem 1. Januar 1940 wurde er in Detmold als Parteigenosse geführt.[16] Dieser Eintritt in die NSDAP sieht vom Termin her also nach Opportunismus aus; er kann mangels weiterer Quellen darüber hinaus nicht beurteilt werden. Trümpers Wunsch zielte auf eine Richterstelle im Bereich des Oberlandesgerichts Celle. Auf entsprechende Bemühungen hin erhielt er von dort im November 1939 eine Absage: *„... teile ich Ihnen mit, dass ich Ihnen eine Übernahme als Anwärter in den höheren Justizdienst nicht in Aussicht stellen kann."*[17]

In dieser ziemlich aussichtslosen Lage kam Ferdinand Trümper der Krieg zu Hilfe. Zahlreiche Richter wurden zur Wehrmacht eingezogen. Als Vertretung eines zur Ableistung seines Wehrdienstes einberufenen Juristen wurde er ab 1.12.1939 als Hilfsrichter (Assessor) beim Land- und beim Amtsgericht Detmold eingesetzt. Auch Assessoren hatten keinen Besoldungsanspruch; nur wenn sie befristet kommissarisch mit der Vertretung eines Richters beauftragt wurden, erhielten sie das Gehalt eines Amtsrichters. So dürfte Ferdinand Trümper in Detmold zumindest zeitweise sein erstes Geld als Richter verdient haben. Seine Tätigkeit dort wurde durch den Landgerichtspräsidenten im April 1940 zwar nicht glänzend, aber durchaus wohlwollend beurteilt:

„Assessor Trümper, dessen Fähigkeiten und Kenntnisse ich als durchschnittlich werte, ist recht fleißig, arbeitswillig, eifrig und pünktlich. Er trägt sachgemäß und im allgemeinen erschöpfend vor, hat ein verständiges, klares Urteil. Seine schriftlichen Ausarbeitungen zeigen, dass er sich mit Erfolg bemüht, des Stoffes Herr zu werden. Es fehlt ihm bei der Kürze seiner richterlichen Tätigkeit noch an Erfahrung; auch lässt seine Ausdrucksweise hier und da noch die Feile vermissen. Entsprechenden Hinweisen ist er aber durchaus zugänglich. Den Rechtsuchenden gegenüber hilfsbereit und entgegenkommend, zeigt er – insgesamt betrachtet – guten Willen und erfreuliches Streben. […]

Trümper hat sich hier als aufrechter, williger Berufskamerad von entgegenkommendem, bescheidenem Wesen gezeigt. Den Staat bejaht er aus innerer Überzeugung. Seine Führung ist tadellos. Gesundheitlich keine

---

[16] BArch: NSDAP-Zentralkartei und NSDAP-Gaukartei.
[17] Staatsarchiv Poznań: Oberlandesgericht Posen, Nr. 1331.

Bedenken. Bei weiterer Bewährung verspricht er, ein brauchbarer Richter zu werden."[18] – Der bejahte Staat war das „Dritte Reich", welchem Ferdinand Trümper nach 1945 eigenem Bekunden zufolge ganz anders, nämlich aus innerer Überzeugung distanziert gegenübergestanden haben wollte.

Wenige Monate später, im September 1940, bescheinigte derselbe Landgerichtspräsident dem Assessor, dass „*dessen Arbeiten von zunehmender Erfahrung zeugten und dass er auch mengenmäßig stärkeren Anforderungen gewachsen*" sei.[19] Offenbar, weil seine beruflichen Chancen im „Altreich" schlecht waren und für ihn keine Aussicht bestand, hier in eine Planstelle als Richter eingewiesen zu werden, erklärte sich Trümper mit einer Abordnung in den Oberlandesgerichtsbezirk Posen einverstanden. Letzteres berichteten jedenfalls seine Vorgesetzten an das Reichsjustizministerium. Sie hielten ihn geeignet für den „*richterlichen Einsatz in den Ostgebieten*" und bemerkten: „*Gesundheitlich wird Trümper starken Anforderungen gewachsen sein.*"[20]

03 Richter im Warthegau

Als Ferdinand Trümper im Frühjahr 1941 in den Reichsgau Wartheland reiste, um dort seinen Dienst als Richter anzutreten, begab er sich in eine Region, in der das verbrecherische Handeln des NS-Staates nicht zu übersehen war, zumindest für jeden, der seine Augen davor nicht sehr fest verschloss.

Bereits am 8.10.1939, nach der Kapitulation Polens, hatte Hitler per Erlass und mit Wirkung vom 26.10.1939 große Teile des polnischen Staatsgebiets völkerrechtswidrig annektiert. In diesen „einge-

Ferdinand Trümper (1940)

---

[18] Staatsarchiv Poznań: Oberlandesgericht Posen, Nr. 1334.
[19] A.a.O.
[20] A.a.O.

gliederten Ostgebieten" entstanden die neuen Reichsgaue Danzig-Westpreußen, Wartheland und Ostoberschlesien. Auch Ostpreußen wurde um polnisches Gebiet vergrößert. Für Westpreußen und das Wartheland blieben aber dennoch die alten Polizei- und Passgrenzen bestehen. Diese Gebiete konnten also nur mit behördlicher Genehmigung betreten oder verlassen werden. So wurde verhindert, dass zum Beispiel dort lebende Polen die alten Grenzen zum Deutschen Reich unerwünscht überschreiten konnten. Den Grenzkontrollen war auch Ferdinand Trümper unterworfen. Am 13. Juni 1941 beantragte er die Ausstellung eines Passierscheins zum wiederholten Grenzübertritt: *„Ich benötige den Passierschein für Dienstreisen und zu Urlaubsreisen zu meiner im Altreich wohnenden Familie."*[21]

Im neuen Reichsgau Wartheland lebten nur verhältnismäßig wenige Deutsche. Unter den mehr als vier Millionen Einwohnern machten sie 1939 sieben Prozent der Bevölkerung aus; rund 93 Prozent der Einwohner, einschließlich der acht Prozent polnischer Juden, waren Polen.[22] Die Absicht des NS-Staats war, das derart polnische Gebiet zu germanisieren. Das sollte vor allem durch eine Auswechselung der Bevölkerung geschehen – einerseits durch Deportation und Ausrottung, in einem geringen Maße auch durch die Assimilation von Polen, die als „eindeutschungsfähig" betrachtet wurden, und andererseits durch die Ansiedlung von Auslandsdeutschen aus dem Machtbereich der UdSSR. Auch aus dem „Altreich" zogen Menschen zu, um zum Beispiel polnische oder jüdische Betriebe zu übernehmen, oder sie kamen als Angestellte und Beamte deutscher Behörden.

Weil von vornherein klar war, dass das Ziel eines rein deutschen Warthelandes nicht mit rechtmäßigen Methoden und nicht ohne Verbrechen an Juden und Polen erreicht werden konnte, bereitete das „Dritte Reich" die Erweiterung des deutschen „Lebensraums" nach der militärischen Eroberung auch durch eine Anpassung des Strafrechts vor. Die Vorschriften über Offizialdelikte, also die von Amts wegen zu verfolgenden Straftaten, und über Klageerzwingungsverfahren wurden aufgehoben. Dadurch war die Staatsanwaltschaft von der Pflicht entbunden, Übergriffe Deutscher gegen Polen und Juden verfolgen zu müssen. Es lag nicht im damaligen Interesse des NS-Staates, dass die Justiz wegen der Mordakti-

[21] Staatsarchiv Posnań: Landgericht Posen, Sign. 285.
[22] Schlüter, Holger (o.J.): S. 42; Becker, Maximilian (2014): S. 179.

17

onen von deutscher Polizei und SS an der nichtdeutschen Bevölkerung gegen Deutsche ermittelte. Denn Massenerschießungen von Juden und der polnischen Eliten, wo Polizei- und SS-Verbände ihrer habhaft werden konnten, sowie Deportationen von Juden und Polen aus dem Warthegau in das Generalgouvernement waren erste Maßnahmen gezielter Dezimierung der aus deutscher Sicht im Wartheland unerwünschten Menschen.

Die Ausweisungen ins Generalgouvernement wurden jedoch bald auf Einspruch von Gouverneur Hans Frank hin gestoppt, der seinen Befehlsbereich durch den Zuzug so vieler Menschen beeinträchtigt sah. Die weitere Deportation von Polen aus dem Warthegau ins Generalgouvernement wurde deshalb auf die Zeit nach dem Krieg vertagt.

Die Juden wurden ihres Besitzes beraubt, in Ghettos zusammengepfercht und schließlich ermordet. Die im Warthegau verbliebenen Polen galten als Staatenlose, weil aus der Sicht des „Dritten Reiches" ein polnischer Staat nicht mehr existierte. Sie wurden weitgehend entrechtet und gedemütigt. Deutsche erhielten die Anweisung, größtmögliche Distanz zu Polen zu wahren. Eine Treuhandgesellschaft beschlagnahmte 95 Prozent der Unternehmen, unterstellte sie deutschen Verwaltern und verkaufte sie an deutsche Interessenten. Überdies vertrieben die neuen Herren eine große Anzahl polnischer Bauern von ihren Höfen, um Platz zu schaffen für die volksdeutschen Zuwanderer aus der Sowjetunion.

Hier können nur einige Beispiele für die Lebensbedingungen der Polen unter deutscher Besatzung genannt werden: Seit September 1939 mussten Polen, wenn sie einem deutschen Uniformträger begegneten, diesen „Herrenmenschen" grüßen und selbst in die Gosse treten, um ihm auf dem Bürgersteig Platz zu machen. Deutsche Uniformträger gab es viele, auch unter den Zivilisten, z. B. jene in Parteiuniform. Polen, welche diese Pflicht nicht beachteten, wurden beschimpft, geschlagen, zuweilen auch verhaftet. – In den Geschäften mussten Deutsche mit Vorrang bedient werden. Alle Polen erhielten erheblich geringere Lebensmittelzuteilungen als Deutsche – genau: nur die Hälfte dessen, was ein deutscher „Volksgenosse" bekam. Wenn also z. B. einem Deutschen laut Lebensmittelkarte für eine Woche 250 Gramm Butter oder Margarine zustanden, dann einem Polen lediglich 125 Gramm Margarine. Dabei bekamen Polen nicht einmal immer alles, was ihnen auf Grund der Bestimmungen zugestanden hätte. Czesław Madajczyk zufolge konnte ein polnischer Arbeiter mit den rationiert zugeteilten Lebensmitteln nur etwa 43 bis 45

Prozent seines Kalorienbedarfs decken.[23] Kleidung und Schuhe durften Polen ab Juli 1941 überhaupt nicht mehr erwerben. All das förderte natürlich den Schwarzmarkt. Schwarzhandel wiederum wurde als Kriegswirtschaftsverbrechen hart bestraft. – Alle höheren Schulen für polnische Kinder wurden geschlossen. Für sie, die nach dem erwarteten „Endsieg" wie die meisten Polen weiter nach Osten abgeschoben werden oder allenfalls den Deutschen als billige und willige Arbeitskräfte dienen sollten, erschien höhere Bildung überflüssig und unerwünscht. Für polnische Kinder gab es fortan, wenn überhaupt, oft nur an zwei Tagen in der Woche Schulunterricht. – Zahlreiche weitere Bestimmungen erschwerten das alltägliche Leben der Polen. Nachts galt für sie eine Ausgangssperre. Radios mussten sie abgeben. Zu telefonieren war Polen verboten. Die Benutzung von Bus und Bahn, selbst eines Fahrrades, war ihnen nur mit einer Sondergenehmigung erlaubt.

Die Nationalsozialisten sahen die Menschen „deutschen Blutes" im Warthegau den „rassisch minderwertigen" Polen in einem „Volkstumskampf" gegenüberstehen. Wer als bisher polnischer Staatsbürger von deutschen Eltern abstammte und sich zum Deutschtum bekannte, also Auslandsdeutscher war, konnte sich in eine vierstufige „Deutsche Volksliste" eintragen lassen und galt dann amtlich als „Volksdeutscher" mit den Rechten deutscher Staatsbürger. Teil des „Volkstumskampfes" war auch die Germanisierung „rassisch wertvoller" polnischer Kinder. Zugrunde lag eine Weisung des „Rassenpolitischen Amts der NSDAP", bei der Vertreibung der nichtjüdischen polnischen Bevölkerung aus dem Warthegau Kinder bis zu einem Alter von 10 Jahren, die *„den rassischen Anforderungen genügen"*[24], von den Eltern zu trennen und an die Gaukinderheime weiterzuleiten. Auch polnische Waisen und Kinder von polnischen Häftlingen wurden zum Beispiel über das Gaukinderheim in Kalisch, zur Eindeutschung in das „Altreich" verschleppt. Weitere Kinder wurden anderen polnischen Eltern mit Gewalt entrissen, manche von ihnen einfach von der Straße weggeholt.[25] Schätzungen zufolge waren insgesamt etwa 200 000 polnische Kinder davon betroffen. Nur ungefähr 15 Prozent von ihnen kehrten nach Kriegsende nach Polen zurück.

Es war also ein für Juden und Polen furchtbares Terrorregime, welches die Deutschen im Warthegau errichteten. Infolge von Ermordung

---

[23] Madajczyk, Czesław (1988): S. 269.
[24] Siehe Schwarz, Gudrun (1997): S. 122.
[25] A.a.O.

und Vertreibung, von Eindeutschung und des Zuzugs von Volksdeutschen aus dem Herrschaftsbereich der UdSSR und von Reichsdeutschen stieg der deutsche Bevölkerungsanteil bis 1941 auf etwa 14 Prozent an. Die wichtigsten Macht- und Herrschaftsinstrumente des „Dritten Reiches" im Wartheland waren die Wehrmacht, die Polizei und die Justiz.

Der Justiz in Deutschland, besonders den Sondergerichten, war während des Zweiten Weltkrieges allgemein „als Hauptaufgabe die Sicherung der ‚inneren Front' zugewiesen. Die Strafjustiz sollte ihren Beitrag dazu leisten, die Kriegsmaschinerie des 3. Reiches in Gang zu halten ..."[26] Im Warthegau kam noch eine weitere besondere Aufgabe hinzu. Die Gerichte dienten durch ihre Urteile der Disziplinierung und Diskriminierung der Polen unter deutscher Herrschaft. Um die Vernichtung von Polen wirksamer und schneller voranzutreiben, hätte Reichsjustizminister Thierak es bevorzugt, die Strafverfolgung von Polen unter Ausschluss der Justiz ganz der Polizei zu überlassen. Über Gespräche mit dem Reichsführer SS, Heinrich Himmler, berichtete Thierack im September 1942 an Bormann: *„Unter dem Gedanken der Befreiung des deutschen Volkskörpers von Polen, Russen, Juden und Zigeunern und dem Gedanken der Freimachung der zum Reich gekommenen Ostgebiete als Siedlungsland für das deutsche Volkstum beabsichtige ich, die Strafverfolgung gegen Polen, Russen, Juden und Zigeuner dem Reichsführer zu überlassen. Ich gehe hierbei davon aus, daß die Justiz nur im kleinen Umfange dazu beitragen kann, Angehörige dieses Volkstums auszurotten. Zweifellos fällt die Justiz jetzt sehr harte Urteile gegen solche Personen, aber das reicht nicht aus, um wesentlich zur Durchführung des oben angeführten Gedankens beizutragen. Es hat auch keinen Sinn, solche Personen Jahre hindurch in deutschen Gefängnissen und Zuchthäusern zu konservieren, selbst dann nicht, wenn, wie das heute weitgehend geschieht, ihre Arbeitskraft für Kriegszwecke ausgenutzt wird."*[27] Damit wäre aber der durch das Wirken der Gerichte äußerlich erweckte, allerdings falsche Anschein eines rechtmäßigen Umgangs mit den „Fremdvölkischen" aufgegeben worden. Die Reichsstatthalter der neuen Reichsgaue beharrten auf der bisherigen Zuständigkeit der Justiz. Deshalb wurde dieser Plan Thieracks so nicht umgesetzt.

Für eine deutschen Gerichtsbarkeit im Warthegau wurden Angehörige

---

[26] Wogersien, Maik o. J.: S. 63.
[27] Zitiert nach Madajczyk, Czesław (1988), S. 207.

der Justiz benötigt und dringend gesucht. Gewiss machte der aus Duderstadt stammende, dem Eichsfeld emotional verbundene Richter Ferdinand Trümper sich im Frühjahr 1941 ungern ins ferne und fremde Wartheland auf. Er konnte auch noch nicht genau wissen, was ihn erwarten würde. Besonders anfangs und ab 1942 wieder befand sich in dem eroberten Land das deutsche Gerichtswesen in Konkurrenz mit der Polizei, die eigene Standgerichte unterhielt. Und die Gesetze, nach denen Recht gesprochen werden sollte, wurden zum Teil erst noch geschaffen. Zwar galt für Reichsdeutsche und Volksdeutsche sogleich das deutsche Recht. Für Polen und Juden jedoch wurde mit Vorstufen ein Sonderrecht in Kraft gesetzt, die „Verordnung über die Strafrechtspflege gegen Polen und Juden in den eingegliederten Ostgebieten" vom 4.12.1941, abgekürzt als „Polenstrafrechtsverordnung" bezeichnet.[28] Ferdinand Trümper hatte also nicht nach gleichem Recht für alle, sondern rassistisch nach zweierlei Recht zu urteilen. Auch die Art der Freiheitsstrafen unterschied sich: Gefängnis oder Zuchthaus für Deutsche, Straflager für Polen.

Das Wartheland war in Justizkreisen als Dienstort unbeliebt. Gründe dafür lassen sich am Beispiel Trümpers geradezu anekdotisch beleuchten. Nicht nur, dass es manchen Dienstorten an der gewohnten zivilisatorischen Bequemlichkeit fehlte, es stellten sich auch Aufgaben, die normalerweise für Richter unüblich waren.

Am 16. April 1941 wurde Ferdinand Trümper mit der Wahrnehmung der Dienstgeschäfte des einzigen und damit aufsichtführenden Richters am Amtsgerichts Godetz[29] (in den Akten auch Chodetsch geschrieben, polnisch: Chodecz) beauftragt. Godetz, Kreis Włocławek (deutsch: Leslau), liegt in der heutigen Woiwodschaft Kujawien-Pommern, etwa 80 Kilometer nördlich von Łódź, und war ein von der Landwirtschaft geprägter Ort. Wenige Tage nach seiner Ankunft dort beantragte Ferdinand Trümper die Zuweisung einer Dienstuniform und einer Handfeuerwaffe mit Munition:

„Die Verhältnisse im hiesigen Bezirk sind noch nicht so gesichert, dass man sich ohne Uniform und Pistole immer die nötige Achtung verschaffen kann. In letzter Zeit ist nachts wiederholt versucht worden in das

---

[28] Siehe dazu Schlüter, Holger (o. J.): S. 42 ff. Die Polenstrafrechtsverordnung ist dort auf S. 222 ff. abgedruckt.

[29] Staatsarchiv Poznań: Landgericht Posen, Nr. 285. – Für die Darstellung der Dienstzeit Trümpers im Warthegau sind in diesem Buch die in den Personalakten gebrauchten Ortsnamen verwendet.

Dienstwohngebäude einzubrechen. Aus dem an das Dienstwohngebäude angrenzenden Park sind mehrfach nachts von unbekannten Tätern Baumstämme geschlagen und gestohlen worden. Zusammen mit dem Justizinspektor Zimmermann und einem weiteren Hausbewohner (einem Beamten des Arbeitsamtes) habe ich Nachtwachen und nächtliche Streifen durch den Park verschiedentlich durchgeführt. Es gelang uns aber bis jetzt noch nicht, die Täter stellen zu können. In der Nacht vom 23. zum 24.4. wurde ein im Park stehender großer, gemauerter Bildstock zertrümmert. Ohne Pistole ist es mir nicht mehr möglich, ordnungsgemäß für den Schutz des Dienstwohngebäudes und des Parkes zu sorgen.

Die Inanspruchnahme der Polizei halte ich wegen der früheren Differenzen und um nicht bei ihr den Eindruck von Angst zu erwecken, für nicht ratsam. "[30]

Die Unsicherheit Ferdinand Trümpers im besetzten fremden Land, aber auch das aus einer Konkurrenzsituation bei der Ahndung von Straftaten im Warthegau herrührende schlechte Verhältnis von deutscher Polizei und deutscher Justiz zueinander werden hier deutlich.

Der Landgerichtspräsident befürwortete den Antrag. In einem Ort wie Godetz mit einer weitaus überwiegenden polnischen Bevölkerung erschiene ihm das Tragen der Uniform besonders wünschenswert. Außerdem gehöre Trümper zugleich auch den beiden Strafkammern des Landgerichts Leslau als Mitglied an und die übrigen Richter dieser Kammern würden die Sitzungen regelmäßig in Uniform wahrnehmen.[31]

Die teilweise Beschäftigung Trümpers am Landgericht Leslau hatte damit zu tun, dass die Geschäftslage des Amtsgerichts Godetz keine volle Richterkraft erforderte. In Leslau tat Trümper erstmals auch an einem Sondergericht Dienst, das dem dortigen Landgericht zugeordnet war. Eine Urteilsbegründung des Sondergerichts Leslau, in der Trümper als Mitglied der Kammer genannt ist, ohne jedoch das Urteil unterzeichnet zu haben, ist im Staatsarchiv Toruń, Abteilung Włocławek, erhalten.[32]

In Godetz beantragte Trümper die Erlaubnis, die Gerichtsberichterstattung für den Amtsgerichtsbezirk ausüben zu dürfen. Er wies auf seine Qualifikation dafür hin: Er sei im Jahre 1938 Mitglied der Schriftleitung

---

[30] A.a.O.
[31] A.a.O.
[32] Mitteilung des Staatsarchivs Toruń, Abteilung Włocławek, an den Verfasser.

22

einer Tageszeitung und auch mehrere Jahre in der Gerichtsberichterstattung tätig gewesen. Ab dem 16.4.1941, dem Tage seines Amtsantritts in Godetz, hatte er auch das Amt eines kommissarischen Amtsleiters der Ortsgruppe der NSV, der Nationalsozialistischen Volkswohlfahrt, inne.

Am 3. Juli 1941 beantragte Ferdinand Trümper, immer noch Assessor, die Übernahme in die Laufbahn eines Richters oder Staatsanwalts. Die NSDAP hatte bei der Besetzung solcher Planstellen ein begrenztes Mitspracherecht. Sie konnte eine Stellungnahme zur politischen Zuverlässigkeit des Bewerbers abgeben. Deshalb wurde offensichtlich zu diesem Antrag Trümpers das Personalamt des Gaus Südhannover-Braunschweig und damit letztlich die NSDAP-Kreisleitung in Duderstadt befragt. Die Parteigenossen seiner Heimatstadt gaben über das Gaupersonalamt eine sehr negative politische Beurteilung ab. Diese Stellungnahme der Partei ist in den Personalakten nicht im Wortlaut enthalten. Es liegt jedoch eine Äußerung des Landgerichtspräsidenten in Leslau dazu vor, die widerspiegelt, was Trümper vorgeworfen wurde.

Einer der Vorwürfe lautete, Ferdinand Trümper gehöre weder der NSDAP noch einer ihrer Gliederungen an. Offenbar hatte man in Duderstadt keine Kenntnis davon erlangt, dass Trümper Mitglied im Nationalsozialistischen Richterbund war, Ortsgruppenamtsleiter der NSV und seit 1940 Mitglied der NSDAP, in die Partei eingetreten in Detmold. Den Vorwurf der Nichtmitgliedschaft in der NSDAP entkräftete Trümper durch die Vorlage des Mitgliedsausweises Nr. 7 796 492.

Gefährlicher für die Karriere des jungen Juristen war die Behauptung der Duderstädter Parteigenossen, der Assessor habe mit Anna Kopp am 30. Oktober 1940 in Rollshausen, Kreis Duderstadt, vor dem dortigen Standesamt eine Scheinehe geschlossen, um vom Staat ein Trennungsgeld zu beziehen und ihn so zu schädigen. Erst nach der kirchlichen Trauung viele Monate später habe er sich persönlich als verheiratet betrachtet.

Zu diesem Vorwurf musste Ferdinand Trümper seinem Vorgesetzten ausführlich Rede und Antwort stehen. Wie er sich verteidigte, ist dessen Bericht an die nächsthöhere Dienststelle, den Oberlandesgerichtspräsidenten in Posen, zu entnehmen:

„Es ist richtig, dass Assessor Trümper am 30. Oktober 1940 vor dem Standesamt in Rollshausen mit der Haustochter Anna Kopp die Ehe geschlossen, dass jedoch die kirchliche Trauung erst am 27. Juli 1941 statt-

gefunden hat. Assessor Trümper bestreitet jedoch entschieden, dass er und seine Ehefrau sich vor der kirchlichen Trauung nicht als verheiratet betrachtet hätten und dass die standesamtliche Trauung nur erfolgt sei, um vom Staat die Trennungsentschädigung zu beziehen.

Nach den Erklärungen von Assessor Trümper war seine jetzige Ehefrau, bevor sie sich mit ihm verlobte, mit einem anderen Manne verlobt, der im Polenfeldzug gefallen ist. Da der Zeitraum bis zu ihrer erneuten Verlobung und der Eheschließung mit dem Assessor Trümper verhältnismäßig kurz schien, sei mit Rücksicht hierauf die kirchliche Trauung zunächst unterblieben. Dagegen sei die standesamtliche Trauung in üblicher Weise durch die Versendung von Heiratsanzeigen den Verwandten und Bekannten mitgeteilt worden, auch sei sie im lokalen Teil der Süd-Hannoverschen-Zeitung, einem partei-amtlichen Organ unter der Rubrik Geburten, Heiraten, Sterbefälle bekannt gemacht worden. Ihm und seiner Ehefrau sei nach der standesamtlichen Trauung im Hause seiner Schwiegereltern in Rollshausen eine Wohnung von 3 Zimmern eingeräumt worden. Er sei damals bei dem Landgericht in Detmold beschäftigt gewesen und habe seine Ehefrau regelmäßig zum Wochenende und während der Urlaube besucht und mit ihr in vollkommener ehelicher Gemeinschaft gelebt."[33]

Tatsächlich meldete die Südniedersächsische Zeitung am 9.11.1940: *„**Rollshausen.** H o c h z e i t s g l o c k e n. Fräulein Aenne K o p p von hier, Tochter des Schlachtermeisters K o p p, vermählte sich mit Assessor Ferdinand T r ü m p e r aus Duderstadt. Dem jungen Paare unsern herzlichsten Glückwunsch.*"

Der Landgerichtsdirektor fuhr in seinem Bericht zu den gegen Trümper erhobenen Anschuldigungen fort: *„Beschäftigungsvergütung will er während dieser Zeit nicht bezogen haben. Anfang 1941 habe er nach seinen Angaben in Detmold einen eigenen Haushalt eingerichtet, in dem er bis zu seiner Abordnung in den Warthegau gemeinsam mit seiner Ehefrau gelebt habe. Erst nach seiner Abordnung in den Warthegau beziehe er die übliche Beschäftigungsvergütung.*"[34]

Der Landgerichtspräsident stellte sich nach dieser Darstellung des Sachverhalts deutlich hinter seinen Bediensteten: *„Mit dieser Erklärung des Assessors Trümper dürften die Beanstandungen, die gegen ihn vom*

---

[33] Staatsarchiv Poznán: Landgericht Posen, Nr. 285.
[34] A.a.O.

Gaupersonalamt des Gaues Süd-Hannover-Braunschweig erhoben worden sind, ihre Erledigung gefunden haben."[35] Mit Schreiben vom 6.10.1941 an den Landgerichtspräsidenten in Leslau[36] betonte Trümper seine *„politische Zuverlässigkeit"*, überreichte ein Exemplar seiner Vermählungsanzeige und wies darauf hin, das Aufgebot habe drei Wochen im Aushangkasten der Gemeinde Rollshausen gehangen, an dem der dortige Ortsgruppenleiter täglich vorbeigehe. Auch fügte er eine Bescheinigung des Bürgermeisters bei, *„aus der hervorgeht, dass auch dieser selbstverständlich mich als ordnungsgemäß verheiratet betrachtet hat."*[37] Ferdinand Trümper konnte sich damit gegen seine Gegner in der Duderstädter NSDAP überzeugend zur Wehr setzen und ging nun seinerseits in die Offensive. Er erklärte gegenüber seinem Vorgesetzten, nicht mehr gewillt zu sein, das *„dunkle Spiel"*, das von politischen Leitern in seiner Heimat seit Jahren gegen ihn *„getrieben"* werde, länger unbeantwortet hinzunehmen. Er wolle ein Partei-Ehrengerichtsverfahren beantragen.

Vielleicht haben die aus Duderstadt vorgetragenen Beschuldigungen die endgültige Übernahme von Ferdinand Trümper in den öffentlichen Dienst verzögert. Im Januar 1942 war er immer noch Assessor und wurde an das Amtsgericht Grenzhausen (polnisch: Słupca) versetzt. Die Kleinstadt Słupca liegt östlich von Posen. Mit einer so baldigen und kurzfristigen Versetzung dorthin hatte der Richter nicht gerechnet, sich vielmehr in Godetz, so gut es ging und mit finanziellem Aufwand, wirtschaftlich und häuslich eingerichtet. Das ist einem Beihilfeantrag zu entnehmen, in dem er um einen Zuschuss zu den ihm durch die Versetzung entstandenen Unkosten und Verlusten ersuchte. Er bezifferte und begründete diese Kosten wie folgt[38]:

„Als ich am 16.4.1941 in Chodetsch den Dienst antrat, fand ich in der dortigen Gemeinschaftswohnung für Justizbedienstete so wenig Mobiliar vor, dass ich gezwungen war, aus dem Altreich eigene Einrichtungsgegenstände kommen zu lassen, um mich einigermaßen wohnlich einrichten zu können.

Reichsmittel zur Herrichtung und Einrichtung der Gemeinschaftswohnung wurden erst im Herbst 1941 zur Verfügung gestellt. Da ich damit rechnen musste, dass ich in Chodetsch längere Zeit vor allem im Winter

---

[35] A.a.O.
[36] A.a.O.
[37] A.a.O.
[38] A.a.o.

1941/1942 über bleiben würde, habe ich mich auch mit Brennmaterial, Kartoffeln, Kohl und sonstigen Haushaltsartikeln eingedeckt, weil ich wegen der äußerst mangelhaften Verpflegung in der Gastwirtschaft eigene Küche zu führen beabsichtigte. Aus eben dem Grund habe ich auch einen Hühnerhof eingerichtet und eine größere Anzahl Hühner und Futtervorrat für den Winter angeschafft." Durch die Versetzung sei er gezwungen gewesen, die Hühner und Vorräte zu einem geringeren als dem Einkaufspreis abzugeben. Den ihm dadurch entstandenen Verlust bezifferte er auf 30 RM. Eingelagerte Kartoffeln, so seine Angabe, konnte er wegen der Gefahr des Erfrierens beim Umzug nicht mitnehmen. Er reklamierte deswegen einen Verlust von 40 RM bei ihrem Verkauf. *„Eine ganze Reihe Gläser eingemachter Früchte, Gelees usw. musste ich, da ein Transport bei dem herrschenden Frost unmöglich war, zum größten Teil verschenken.*" Für die Rücksendung eines Federbetts, von Möbeln, Tischdecken und Küchengeschirr ins „Altreich" nach Rollshausen, wo seine Frau wohne, seien ihm ferner Kosten von insgesamt 92 RM entstanden.

An seinem neuen Dienstort Grenzhausen wurde Trümper umgehend zum kommissarischen Beisitzer im Kreisgericht Konin der NSDAP bestellt; ihm wurde die Führung der Geschäftsstelle des Kreisgerichts übertragen. Außerdem betraute man ihn laut Bescheinigung der NSDAP-Ortsgruppe Grenzhausen mit der Verwaltung des Amtes für Rassenpolitik.[39] – Das „Rassenpolitische Amt der NSDAP" wurde schon im Zusammenhang mit dem Raub und der Germanisierung polnischer Kinder im Warthegau erwähnt. Am 15. Mai 1934 gegründet, hieß es in dem Erlass zu seiner Einrichtung: *„In den Aufgabenkreis des Amtes fallen außer der Vereinheitlichung und Überwachung von Schulung und Propaganda auf den einschlägigen Gebieten auch alle sachlichen, bevölkerungs- und rassepolitischen Fragen, soweit sie von der Partei bearbeitet werden.*"[40] Im November 1939 gab das Rassenpolitische Amt Regeln zur Behandlung der nichtdeutschen Menschen in Polen einschließlich „rassisch wertvoller" Kinder heraus. Auf regionaler Ebene vertraten ehrenamtliche Mitarbeiter das Amt. So also auch Ferdinand Trümper in Grenzhausen, ohne dass in der Bescheinigung der NSDAP dazu sein genauer Tätigkeitsbereich und der Umfang seiner Mitarbeit in diesem Amt mitgeteilt wurde.

---

[39] A.a.O.
[40] Zitiert nach Uhle, Roger (1999): S. 30.

26

Die Bescheinigung der NSDAP-Ortsgruppe Grenzhausen ist datiert vom 12. Mai 1942 und stand zeitlich in Zusammenhang mit einer erneuten Bewerbung Trümpers, als Anwärter für das Amt des Richters und des Staatsanwalts in das Beamtenverhältnis übernommen zu werden. Diesem Antrag wurde mit Wirkung vom 21. Juni 1942 durch den Reichsminister der Justiz stattgegeben; die Vereidigung erfolgte am 29. Juni 1942: *„Ich schwöre: Ich werde dem Führer des Deutschen Reiches und Volkes, Adolf Hitler, treu und gehorsam sein, die Gesetze beachten und meine Amtspflichten gewissenhaft erfüllen, so wahr mir Gott helfe.“*[41]

Ferdinand Trümper bewarb sich nunmehr beim Reichsminister der Justiz um die Amtsgerichtsratsstelle in Bentschen (polnisch: Zbazyn) und wurde mit Wirkung vom 1.8.1942 dort eingesetzt. Bentschen war eine Kleinstadt an der Bahnlinie Frankfurt/Oder – Posen, dicht hinter der Grenze zum Warthegau. An dem kleinen Gericht Bentschen bekleidete Trümper als „Alleinrichter" wiederum das Amt des Behördenleiters. Aber auch dort sollte er nicht lange bleiben.

Inzwischen war Ferdinand Trümper in den Augen seiner Vorgesetzten im Gerichtsbezirk Posen das, was der Landgerichtspräsident in Detmold 1941 vorausgesagt hatte: ein *„brauchbarer Richter"*[42]. Ein Dienstleistungszeugnis des Landgerichtspräsidenten in Posen vom 16.11.1942 bescheinigte ihm: *„Seine Entscheidungen sind im Ergebnis befriedigend und zeigen volles Verständnis für die Besonderheiten des Warthelandes."* Auch am politischen Leben habe er großen Anteil genommen.[43] – Dieses Zeugnis wurde zum Zeitpunkt von Trümpers Dienstantritt beim Sondergericht Kalisch ausgestellt und bescheinigte nicht nur richterliche Befähigung, sondern zugleich auch die für eine Tätigkeit am Sondergericht sicherlich vorausgesetzte politische Zuverlässigkeit.

Die Unterstreichung in dem Zeugnis entstammt dem Original. Aus der Feder des deutschen Landesgerichtspräsidenten meint die hervorgehobene Passage natürlich nicht, Trümper habe Verständnis für das Schicksal der überwiegend polnischen Bevölkerung bewiesen, sondern sie hebt dessen Unterstützung der Eindeutschungsbemühungen und der für Polen geltenden Apartheit heraus. Denn das bestimmte aus deutscher Sicht die Besonderheiten im Reichsgau Wartheland.

---

[41] Staatsarchiv Poznán: Landgericht Posen, Nr. 285.
[42] Staatsarchiv Poznán: Landgericht Posen, Nr. 285.
[43] Staatsarchiv Poznán: Oberlandesgericht Posen, Nr. 1334.

27

Die Nachricht, dass er an das Landgericht Kalisch abgeordnet sei, erreichte Ferdinand Trümper im November 1942 beim Heimaturlaub in Rollshausen. Am 16. November 1942 traf er an seinem neuen Dienstort ein und begann noch am selben Tage mit seiner Arbeit am dortigen Sondergericht, das dem Landgericht zugeordnet war. Beworben hatte er sich auf diese Stelle nicht. Seine Zustimmung war den Personalakten zufolge ebenfalls nicht eingeholt worden. Dazu bestand auch keine rechtliche Notwendigkeit, „da mit Kriegsausbruch am 1. September der Ministerrat für die Reichsverteidigung festgelegt hatte, dass jeder Richter verpflichtet war, auf Anordnung des Reichsjustizministers innerhalb des gesamten Geschäftsbereichs der Reichsjustizverwaltung jegliche Art von richterlichen Geschäften wahrzunehmen."[44]

Den vorhandenen Gerichtsakten zufolge nahm Ferdinand Trümper am 24.11.1942 zum ersten Male an einer Hauptverhandlung des Sondergerichts Kalisch teil und wirkte daran mit, die Lagerarbeiterin Helena O. wegen *„deutschfeindlicher Äußerungen"* und somit *„Herabsetzung des Deutschtums"*[45] zu einem Jahr Straflager zu verurteilen.

Zehn Monate später, zum 17. oder 19. September 1943[46], wurde Ferdinand Trümper in die Wehrmacht einberufen. Er verließ den Warthegau. Seine neue Anschrift lautete:

Kraftfahrer F. Trümper
Kraftf.Ers. u. Ausb.Abt. 13
Deggendorf/Donau

Als 1944 in Duderstadt die Stelle eines Amtsrichters frei wurde, bewarb sich Ferdinand Trümper darauf. Deshalb musste Landgerichtsdirektor Dr. Müller in Kalisch im Mai 1944 noch einmal ein dienstliches Zeugnis über die Leistungen des Amtsrichters Trümper am Sondergericht Kalisch schreiben.[47]

[44] Schlüter, Holger (o.J.): S. 50.
[45] Staatsarchiv Kalisz: Sondergericht Kalisz 1939-1944, Nr. 369.
[46] Die Datumsangaben in verschiedenen Dokumenten reichen vom 9. September bis 19. September 1943.
[47] Staatsarchiv Poznań: Landgericht Posen, Nr. 285.

04 Das Sondergericht Kalisch

04.01 Sondergerichte im Dritten Reich

Schon die Weimarer Republik schaffte sich die Möglichkeit, in Krisenzeiten außerordentliche Gerichte mit begrenzter Zuständigkeit einzusetzen. Bald nach der „Machtergreifung", nämlich am 21. März 1933, erließ die nationalsozialistische Regierung die Verordnung über die Bildung von Sondergerichten. Sondergerichte waren den Landgerichten zugeordnet und Spezialstrafkammern zur Ahndung politischer Delikte. Sie entwickelten sich im NS-Staat zu einer Institution auf Dauer und mit sich ausweitender Zuständigkeit. Seit Beginn des Zweiten Weltkrieges verlagerte sich der Schwerpunkt der Strafrechtspflege auf die Sondergerichte. Nun konnte jedes Vergehen vor einem der Sondergerichte abgeurteilt werden, wenn es schwer und verwerflich erschien oder eine besondere Gefährdung der öffentlichen Ordnung und Sicherheit angenommen wurde. Dabei lag es im Ermessen der Staatsanwaltschaft, ob sie Anklage vor einer herkömmlichen Strafkammer oder vor einem Sondergericht erhob. Manche Delikte aber mussten obligatorisch vor einem Sondergericht angeklagt werden. Dabei handelte es sich vor allem um Verstöße gegen das neu eingeführte politische Kriegsstrafrecht, das die Kriegsführung gegenüber der Bevölkerung absichern, also dazu beitragen sollte, die „innere Front" rechtlich zu schützen und stabil zu halten. Die Kriegssonderstrafrechtsverordnung führte den Straftatbestand der Wehrkraftzersetzung ein. Die Verordnung über außerordentliche Rundfunkmaßnahmen erließ ein uneingeschränktes Verbot, ausländische Rundfunksender zu hören sowie deren Nachrichten zu verbreiten. Nach der Kriegswirtschaftsverordnung waren alle Handlungen zu bestrafen, welche die Versorgung der Bevölkerung mit lebenswichtigen Gütern gefährdeten – wie z. B. das Zurückhalten von Waren, Schwarzhandel und Schwarzschlachten. Nach der Verordnung gegen Volksschädlinge waren Straftaten zu ahnden, die unter Ausnutzung der kriegsbedingten Verhältnisse, zum Beispiel der nächtlichen Verdunkelung, begangen wurden oder die durch ein gemeingefährliches Verbrechen die Widerstandskraft des deutschen Volkes im Krieg schädigten. Vor Sondergerichten wurden auch Verstöße wider das Gesetz gegen heimtückische Angriffe auf Staat und Partei und zum Schutz der Parteiuniform vom 20. Dezember 1934 verhandelt.

Für die Angeklagten war es von wesentlicher Bedeutung, vor welches Gericht sie gestellt wurden. Gegenüber einem Sondergericht war ihre rechtliche Stellung deutlich eingeschränkt, weil zum Beispiel die Beweiserhebung allein im Ermessen dieses Gerichts lag. Das Gericht konnte auch gänzlich auf eine Beweiserhebung verzichten, wenn ihm das für die Aufklärung der Sache nicht erforderlich erschien. Urteile des Sondergerichts wurden mit ihrer Verkündung rechtskräftig, waren sofort vollstreckbar und konnten von den Verurteilten nicht angefochten werden. Die Härte der Urteile von Sondergerichten war bekannt.[48]

Noch mehr hatten die Polen in dem annektierten polnischen Staatsgebiet die Urteile der Sondergerichte zu fürchten. Für sie galt mit der Polenstrafrechtsverordnung[49] ein Un-Recht, das herkömmliche Grundsätze einer zivilisierten Rechtsordnung sowohl hinsichtlich der Straftatbestände als auch des Strafverfahrens und des Strafmaßes missachtete. Der erste Absatz enthielt eine Generalklausel:

„Polen und Juden haben sich in den eingegliederten Ostgebieten entsprechend den deutschen Gesetzen und den für sie ergangenen Anordnungen der deutschen Behörden zu verhalten. Sie haben alles zu unterlassen, was der Hoheit des Deutschen Reiches und dem Ansehen des deutschen Volkes abträglich ist." [50]

Die nachfolgende Konkretisierung dieser Gebote schloss strafbare Handlungen ein, die überhaupt nur von Polen oder Juden begangen werden konnten. Wenn ein Pole oder Jude *„gegen einen Deutschen wegen seiner Zugehörigkeit zum deutschen Volkstum"* [51] eine Gewalttat beging, war er bei diesem Motiv zwingend mit dem Tode zu bestrafen. Es musste sich nicht um eine schwere Gewalttat handeln.

Zum Tode, im minderschweren Fall zu einer Freiheitsstrafe, war auch zu verurteilen, wer z. B. deutschfeindliche Äußerungen machte, wer einer deutschen Dienststelle oder Behörde und ihren Angehörigen gegenüber Gewalt gebrauchte oder zum Ungehorsam gegen deren Anordnungen aufrief, wer sich im Besitz einer Waffe befand oder unerlaubten Waffenbesitz, von dem er Kenntnis hatte, nicht anzeige. Eine weitere Generalklausel erlaubte ein hohes Maß an Willkür:

„Polen und Juden werden auch bestraft, wenn sie gegen die deutschen

---

[48] Siehe dazu insgesamt: Bremer, Stephanie Sophia (o.J.): S. 83.
[49] Zitiert nach Justizministerium des Landes Nordrhein-Westfalen (Hg., o. J.): Juristische Zeitgeschichte Bd. 15, S. 199 ff. Dort ist die Polenstrafrechtsverordnung abgedruckt.
[50] Polenstrafrechtsverordnung.
[51] A.a.O.

Strafgesetze verstoßen oder eine Tat begehen, die gemäß dem Grundge-
danken eines deutschen Strafgesetzes nach den in den eingegliederten
Ostgebieten bestehenden Staatsnotwendigkeiten Strafe verdient."[52]

Die in einem deutschen Gesetz vorgesehene Mindeststrafe durfte nach der Polenstrafrechtsverordnung nicht unterschritten, die Höchststrafe aber sehr wohl überschritten werden. Die Todesstrafe konnte auch dann verhängt werden, wenn sie im betreffenden Strafgesetz nicht vorgesehen war, jedoch *„die Tat von besonders niedriger Gesinnung zeugt oder aus anderen Gründen besonders schwer ist; in diesen Fällen ist Todesstrafe auch gegen jugendliche Schwerverbrecher zulässig"[53].*

Die gemäß der Polenstrafrechtsverordnung zu verhängenden Freiheitsstrafen in einem Straflager konnten zwischen drei Monaten und zehn Jahren liegen. Die so genannten Emslandlager sind ein berüchtigtes Beispiel dafür, wie Häftlinge in Straflagern der Justiz zu Schwerstarbeit gezwungen und wie ihnen willkürliche Gewalt und Folter zugefügt wurden. In den eingegliederten Ostgebieten waren die Straflager für Polen wohl meist in Gefängnissen untergebracht.[54]

In den annektierten Ostgebieten waren die Verhältnisse in den Haftanstalten allgemein unzureichend, in den Straflagern aber noch schlechter als in den regulären Strafanstalten für Deutsche, also im Gefängnis oder im Zuchthaus. Unterschieden wurde zwischen einfachem und verschärftem Straflager, wobei allerdings in den Urteilen des Sondergerichts Kalisch diese Differenzierung nicht erscheint. Für Polen gab es eine besondere Strafvollzugsordnung. Während die Arbeitszeit in Zuchthäusern mit deutschen Gefangenen täglich 12 Stunden betragen sollte, waren für Polen bei schlechterem Essen im einfachen Straflager 13 Stunden und in verschärften Straflagern noch eine Stunde mehr vorgesehen.[55] Die Strafvollzugspraxis war gekennzeichnet durch Überbelegung, mangelhafte Ernährung, unzureichende medizinische Versorgung, katastrophale hygienische Verhältnisse und Brutalität des Aufsichtspersonals.[56]

Jedes Urteil auf der Grundlage der Polenstrafrechtsverordnung war ebenfalls sofort rechtskräftig und vollstreckbar; allein der Staatsanwalt

---

[52] A.a.O.
[53] A.a.O.
[54] Siehe Schwarz, Gudrun (1997): S. 109.
[55] Becker, Maximilian (2014): S. 223.
[56] A.a.O., S. 224.

konnte Berufung einlegen, die Verurteilten dagegen nicht. Ebenso wenig konnten sie die Wiederaufnahme des Verfahrens beantragen. Die polnischen oder jüdischen Angeklagten hatten auch nicht das Recht, deutsche Richter wegen Befangenheit abzulehnen. Ein Pflichtverteidiger war nicht vorgesehen, so dass gegen viele Angeklagte vor Gericht verhandelt wurde, ohne dass sie einen Rechtsbeistand an ihrer Seite hatten. Polen und Juden wurden in Strafverfahren als Zeugen auch nicht vereidigt. Letzteres war keineswegs nur eine bloße Formsache, sondern bedeutete, dass ihnen auch als Zeugen ein geringerer Wert beigemessen wurde als Deutschen. Die Aussage eines vereidigten Deutschen widerlegte vor Gericht stets die Angaben eines nicht vereidigten Polen. Außerdem durfte die Polenstrafrechtsverordnung rückwirkend angewendet werden.

Dem Gericht und der Staatsanwaltschaft erlaubte die Polenstrafrechtsverordnung, das Gerichtsverfahren nach „*pflichtgemäßem Ermessen*"[57] durchzuführen. Das hieß, sie durften von Verfahrensvorschriften nach ihrem Gutdünken abweichen, „*wo dies zur schnellen und nachdrücklichen Durchführung des Verfahrens zweckmäßig*"[58] erschien.

Die Polenstrafrechtsverordnung begründete also nicht gleiches Recht für alle, sondern eine Ungleichbehandlung je nach Volkszugehörigkeit. Die beschriebenen Straftatbestände waren so weit gefasst, dass nahezu alles und jedes darunter subsumiert werden konnte. Die vorgesehenen Strafen waren so dehnbar, dass wiederum bei entsprechender Interpretation der Tat für fast alles die Todesstrafe verhängt werden konnte. Statt Rechtssicherheit zu schaffen, wurde der Willkür Raum gegeben. Rechtlichen Schutz erhielten dagegen die deutschen Behörden, welche die staatliche Gewalt in dem annektierten polnischen Staatsgebiet völkerrechtswidrig und verbrecherisch ausüben konnten. Die Polenstrafrechtsverordnung modifizierte das Recht zu einem Terror- und Unterdrückungsinstrument.

Dies gilt umso mehr, da viele der gegen Polen ausgesprochenen Haftstrafen, abhängig vom Strafmaß, tatsächlich längerfristig einer Todesstrafe gleichkamen, auch dann, wenn das Gericht in seinem Urteil ausdrücklich von dieser Strafe abgesehen hatte. Das zeigt beispielsweise das Verfahren gegen den Arbeiter Josef N. Das Sondergericht hatte sich in diesem Fall gegen eine Todesstrafe entschieden und begründete dies wie

---

[57] Polenstrafrechtsverordnung.
[58] A.a.O.

folgt: *„Die Tat des Angeklagten wiegt sehr schwer. Es handelt sich nicht nur um eine offene Widersetzlichkeit eines Polen. Wenn Polen ihre Aufsässigkeit so weit treiben, dass sie gegen ihren Ortsschulzen das Messer ziehen, dann kann allgemein dafür nur die schwerste Strafe in Frage kommen. Das Sondergericht ist jedoch hier der Ansicht, dass einige besondere Umstände vorliegen, die die Tat des Angeklagten als einen minder schweren Fall und es daher als angebracht erscheinen lassen, ausnahmsweise von der schwersten Strafe abzusehen. Der Angeklagte ist von Natur aus ein leicht erregbarer und jähzorniger Mensch. In seinem Alter, das erheblich über 60 Jahre liegen muss, hat er seinem Jähzorn nicht mehr die Hemmungen entgegensetzen können wie ein jüngerer Mensch. Zudem ist er ein verbrauchter Mann und konnte in dieser besonderen körperlichen Verfassung keine erhebliche Gefahr für den rüstigen und kräftigen Ortsschulzen werden. Das zeigt auch seine zitternde Hand. Auch das von ihm gezogene Messer war wenig geeignet zu einer Tätlichkeit, zu der es auch dann kaum gekommen wäre, wenn der Zeuge Fritz das Zimmer nicht verlassen hätte. Bei der Schwere der Tat muss den Angeklagten aber trotzdem eine erhebliche Freiheitsstrafe treffen, eine Strafe, die vor allem geeignet ist abzuschrecken. Denn Polen müssen wissen, dass ihnen die schwersten Strafen drohen, wenn sie es wagen, gegen Angehörige einer deutschen Behörde gewalttätig zu werden.“*[59]

Sieben Jahre Straflagerhaft wurden gegen Josef N. verhängt. Es kann als sicher gelten, dass der nach Einschätzung des Gerichts gesundheitlich beeinträchtigte alte Mann keine Chance gehabt hätte, die lange und schwere Haft im Lager lebend zu überstehen. Die verhängte Strafe beinhaltete damit in diesem Fall ganz offensichtlich, aber unausgesprochen, ein nicht durch Hinrichtung zu vollziehendes Todesurteil, sondern eines, das durch die Lagerhaft längerfristig vollstreckt werden würde. Die zwischen Reichsjustizminister Thierack und Himmler am 18. September 1942 verabredete Praxis sah dann aber noch wieder anders aus. Wie Holger Schlüter dargestellt hat, wurde für Polen und andere Nichtdeutsche, die zu mehr als drei Jahren Haft verurteilt worden waren, ab Herbst 1942 der Strafvollzug ausgesetzt, damit sie der Polizei „zur Vernichtung durch Arbeit ausgeliefert werden."[60] Darüber hinaus konnten diejenigen, die ab Herbst 1940 zu einer Haftdauer von mehr als einem bis zu drei Jahren verurteilt worden waren, nach vollständiger Verbüßung der Strafe auch

---

[59] Staatsarchiv Kalisz: Sondergericht Kalisz 1939 – 1944, Nr. 350.
[60] Schlüter, Holger (o. J.): S. 141.

nicht mit einer Freilassung rechnen, sondern wurden dann der Sicherheitspolizei übergeben, die sie in der Regel gleichermaßen in ein Konzentrationslager überführte. „Mit Erlass vom 21. April 1943", so Schlüter, „wurden die Staatsanwaltschaften angewiesen, Polen, die zu mehr als 6 Monaten Straflager verurteilt worden waren, nach Strafverbüßung an die Polizei zu überstellen."[61] Diese Verschärfung der Auslieferungsmaßnahmen stieß auf vergeblich vorgetragene Bedenken des Generalstaatsanwalts in Posen. *„Er wies darauf hin, dass die Gerichte darin nicht ohne Grund die Einschaltung einer ihnen übergeordneten justizfremden Instanz'* sehen würden. Stellung und Ansehen des Richtertums würden gefährdet. Auch könnten Gerichte künftig zur Umgehung unangemessen niedrige Strafen unterhalb der Überstellungsgrenze verhängen oder statt hoher Freiheitsstrafen die Todesstrafe aussprechen, um *‚einem Verbrecher die mit dem sofortigen Vollzug der Todesstrafe verbundenen Vorteile zu verschaffen'* "[62] – nämlich auf diese Weise den Qualen der Lagerhaft zu entgehen.

Der Posener Generalstaatsanwalt wies damit nicht nur auf den Entscheidungsspielraum von Gerichten im Dritten Reich hin. Er ging außerdem davon aus, dass den Gerichten die Regelungen der Übergabe von Verurteilten an die Polizei bekannt waren. Straflagerhaft für Polen mit anschließender „Vernichtung durch Arbeit" in einem Konzentrationslager beinhaltete also in jedem Fall nichts anderes als ein verkapptes, langfristig zu vollziehendes Todesurteil. Außer in der Hoffnung auf eine Niederlage der Deutschen im Krieg konnten somit schließlich nur sehr wenige der durch das Sondergericht Kalisch verurteilten Polen noch damit rechnen, jemals wieder frei zu kommen und somit zu überleben, weil es nur eine sehr geringe Anzahl von Urteilen gab, deren Strafmaß sechs Monate Haft nicht überschritt. Von den insgesamt 118 in den 95 untersuchten Urteilen zu Straflagerhaft verurteilten Polen wurden nur sieben zu fünf bzw. sechs Monaten Freiheitsentzug verurteilt, alle anderen erhielten längere Freiheitsstrafen. Damit war die Justiz, trotz vieler Todesfälle in ihren eigenen Haftanstalten, noch nicht direkt an systematischer Tötung von Menschen beteiligt, wohl aber leistete sie Beihilfe dazu. Letztlich war durch diese Regelung doch dem weiter oben dargestellten Ausrottungsbegehren des Reichsjustizministers entsprochen.

---

[61] A.a.O.
[62] A.a.O.

34

Mit tödlichen Folgen der Straflagerhaft und der Überstellung von Verurteilten an die Polizei wurde die Justiz in Kalisz in der Zeit, als Ferdinand Trümper dort tätig war, durchaus konfrontiert. Als die Staatsanwaltschaft in Kalisch nach dem Aufenthaltsort eines Polen forschte, erhielt sie die Rückmeldung, der Betreffende sei im KZ Auschwitz verstorben. Und im Verfahren gegen Cesław R. wegen Kriegswirtschaftsverbrechen, an dem Trümper mitwirkte, konnte ein bereits ein halbes Jahr zuvor zu Straflager verurteilter Mittäter nicht als Zeuge vernommen werden, weil er ebenfalls inzwischen „verstorben" war.[63] Es handelte sich dabei keineswegs um Einzelfälle, denn entsprechende Vorgänge sind auch in Urteilen des Sondergerichts Litzmannstadt gelegentlich erwähnt.[64]

04.02 Urteile des Sondergerichts Kalisch – Begründung einer Stichprobe

Das Sondergericht Kalisch wurde offiziell zum 15.4.1940 eingerichtet und war zuständig für die Landgerichtsbezirke Kalisch und Ostrowo.[65] Mehr als 700 Verfahrensakten dieses Sondergerichts sind im Staatsarchiv in Kalisz erhalten. Bei der Analyse der schriftlichen Urteile und ihrer jeweiligen Begründungen musste daher im Rahmen dieser Untersuchung aus dieser Fülle der vorhandenen Akten eine Auswahl getroffen werden. Wegen des gleichzeitig vorhandenen besonderen Interesses an Ferdinand Trümper wurden die Urteile jener Verfahren ausgewählt, an denen der Richter aus Duderstadt beteiligt war. Im Staatsarchiv in Kalisch wurden 95 Prozessakten gefunden, die eine Mitwirkung von Ferdinand Trümper als Beisitzer in einer Kammer des Sondergerichts Kalisch belegen, und zwar in der Zeit zwischen dem 24.11.1942 und dem 9.9.1943. Die getroffene Auswahl kann daher zunächst einmal nicht als repräsentativ für das Sondergericht Kalisch bezeichnet werden. Sie betrifft einen begrenzten Zeitraum, während das Gericht von 1940 bis 1944 bestand. Ferner sind nur Verfahren einbezogen, an denen immer ein bestimmter Richter beteiligt war. Dennoch gibt es Argumente dafür, dass die Auswahlmethode nicht einen verzerrten, sondern hinreichend genauen Einblick in die Urteilspraxis des Sondergerichts Kalisch zumindest für den genannten Zeitraum 1942/1943 bieten kann. Dafür spricht, dass der Gerichtsvorsitzende, Landgerichtsdirektor Dr. Müller, der Kammer vorsaß, welcher

---

[63] Staatsarchiv Kalisz: Sondergericht Kalisz 1939 – 1944, Nr. 453.
[64] Siehe Schlüter, Holger o. J.: S. 141.
[65] Siehe Schlüter, Holger (o. J.): S. 83.

auch Ferdinand Trümper angehörte, und mit wenigen Ausnahmen an den 95 ausgewählten Verfahren beteiligt war. Überdies hat Dr. Müller am 10. Mai 1944 die Arbeit Trümpers am Sondergericht Kalisch dienstlich beurteilt und dabei festgehalten, dieser habe „sich in seinen neuen Aufgabenkreis rasch eingearbeitet und in guter Zusammenarbeit sich in die Linie der Rechtsprechung des Sondergerichts voll eingefügt."[66] Es kann also davon ausgegangen werden, die betreffenden Urteile fallen nicht aus dem Rahmen der allgemeinen Urteilspraxis des Sondergerichts Kalisch, sondern sind trotz der Besonderheit der Auswahl als hinreichend große und aussagekräftige Stichprobe für die genannte Zeit anzusehen.

Diese Stichprobe umfasst Verfahren gegen 152 Personen, 23 deutsche und 129 Polen. 20 Deutsche wurden zu Gefängnis- oder Zuchthausstrafen mit einer durchschnittlichen Dauer von zwei Jahren drei Monaten verurteilt. Zwei wurden freigesprochen, ein Verfahren wurde eingestellt. Von den angeklagten Polen verurteilte das Gericht drei zum Tode und 118 zu Haftstrafen. Gegen Polen wurde ein im Durchschnitt um ein halbes Jahr längerer Freiheitsentzug ausgesprochen, also durchschnittlich zwei Jahre neun Monate Haft, allerdings in der verschärften Form des Straflagers. Sechs Polen wurden freigesprochen, einmal verhängte das Gericht eine Geldstrafe und eine Polin wurde in eine Heil- und Pflegeanstalt eingewiesen.

04.03 Der Erkenntniswert der schriftlichen Urteile des Sondergerichts Kalisch

Die schriftlichen Urteile und ihre Begründungen bilden die Sichtweisen des Gerichts ab – sowohl auf die Angeklagten als auch auf die ihnen vorgeworfenen Taten. Einer Revision wurden diese Urteile nicht unterzogen. Die polizeilichen Ermittlungen sind ihrer Voreingenommenheit und Methoden wegen anzuzweifeln. Zeugen können heute nicht mehr befragt werden. Die Angeklagten sind zumeist inzwischen gestorben und nicht mehr zu hören. Aus gegenwärtiger Sicht bleibt nur, die Angeklagten und die dargestellten Sachverhalte in den Urteilstexten gleichsam durch die Augen der Richter und von deren nationalsozialistisch verorteter Perspektive her zu betrachten. Weitere erhellende Quellen zu den Verfahren des Sondergerichts Kalisch sind nicht vorhanden. Diese Begrenzung der In-

---

[66] Staatsarchiv Poznań: Landgericht Posen, Sign. 285.

formationsmöglichkeit lässt sich nicht aufsprengen. Die Urteile sind daher allesamt mit dem entsprechenden Vorbehalt zu lesen.

Schon von daher ist den Frei- und Schuldsprüchen des Gerichts in keinem Fall zu folgen, eben weil die zu Grunde liegenden Tatsachenfeststellungen ideologisch gefiltert und nicht überprüfbar sind. Hinzu kommt, dass viele der abgeurteilten Taten aus heutiger Sicht überhaupt nicht als strafwürdig gelten können. Die Verfahren genügten überdies rechtsstaatlichen Normen nicht. Allen Urteilen fehlte eine akzeptable Rechtsgrundlage. So können die Angeklagten nur als rechtswirksam, nicht aber als rechtmäßig Verurteilte betrachtet werden. Ihre Namen sind deshalb in dieser Untersuchung anonymisiert.

Wenn dennoch, weil unvermeidbar, alle nachfolgenden Darstellungen der Verfahren vor dem Sondergericht Kalisch, an denen Ferdinand Trümper teilnahm, aus den Urteilstexten übernommen sind, dann gilt, dass diese Sichtweisen einzig als Auffassungen des Gerichts zu betrachten sind und nicht als zu übernehmende Aussagen über die Angeklagten. Diese Distanz zu den Urteilstexten ist uneingeschränkt geboten. Dennoch besitzen die Texte einen großen Erkenntniswert, wenn zwar eben nicht die Angeklagten und ihre Handlungen betreffend, so doch im Hinblick auf das Sondergericht, auf die Richter selbst – und damit zugleich auf ein Beispiel nationalsozialistischer Gerichtsbarkeit. Die Urteilstexte drücken aus, wie das Gericht die aus seiner Sichtweise festgestellten Sachverhalte bewertete, warum es sie für strafwürdig hielt, welche Strafe es verhängte und wie das Strafmaß begründet wurde. Sie sind in diesem Buch also einzig als bedeutsame Dokumente verstanden, die Auskunft geben über das Sondergericht Kalisch, seine Richter und deren Urteilspraxis.

04.04 Verbrechen des „Dritten Reiches" im Spiegel der Urteile des Sondergerichts Kalisch

04.04.01 Annektion und ethnische Säuberung

Der Warthegau war, wie bereits dargestellt, durch das „Dritte Reich" rechtswidrig annektiertes polnisches Staatsgebiet, dem eine ethnische Säuberung zugedacht wurde. Das neue Ostgebiet sollte mit Deutschen bevölkert werden, und zwar durch die Ansiedlung deutschstämmiger Bewohner nach der Vertreibung oder Vernichtung der Mehrheit der Alteingesessenen. Die derartige Verletzung von Völkerrecht und Menschenrechten galt offensichtlich nichts gegenüber dem angemaßten Recht des deutschen Volkes auf neuen Lebens- und Herrschaftsraum. Die Richter des Sondergerichts Kalisz registrierten dieses zweifellos verbrecherische Handeln in ihren Urteilen zustimmend: Sie nahmen den Warthegau als „Aufbaugebiet" der Deutschen wahr, dem sie „Rechts"-Schutz gewährten. So hielt das Sondergericht zum Beispiel dem Angeklagten Josef G. vor, abfällige Redensarten über die Regierung hätte er keinesfalls, schon gar nicht „*im 4. Kriegsjahr und im Aufbaugebiet des Warthegaues*"[67], äußern dürfen.

O4.04.02 Enteignung jüdischen und polnischen Besitzes

Zu der Zeit, als Ferdinand Trümper nach Kalisch kam, waren die Juden aus der Region bereits deportiert. Aber der Umgang mit ihrem Besitz beschäftigte das Sondergericht noch. Der kommissarische Bürgermeister der Stadt Welun wurde in diesem Zusammenhang der Untreue beschuldigt. Laut Anklageschrift[68] waren im August 1942 sämtliche in der Stadt wohnenden Juden in das Ghetto Litzmannstadt „*evakuiert*"[69] worden. Dazu ging dem Bürgermeister eine geheime Verfügung zu, wonach alle jüdischen Vermögenswerte an die Ghetto-Verwaltung Litzmannstadt abzuführen waren. Im Sinne dieser räuberischen Regelung ordnungsgemäß erwarb Bürgermeister Erich W. von der Ghetto-Verwaltung sämtliche Möbel und allen Hausrat der Weluner Juden zu einem Preis von 7000 Reichsmark für die Stadt. Bei der „Evakuierung" waren aber außerdem zahlreiche Felle beschlagnahmt worden, ohne dass der Bürgermeister die Ghetto-Verwaltung darüber informiert hatte. Vielmehr ließ er die Felle verkaufen und den Erlös in die Stadtkasse einzahlen. Aus diesem Grunde verurteilte ihn das Sondergericht zu acht Monaten Gefängnis und 500 Reichsmark Geldstrafe – entsprechend der Anklageschrift wegen Untreue gegenüber dem Deutschen Reich. Wenn auch die Begründung dieses Urteils in den Gerichtsakten nicht aufgefunden wurde, lässt sich doch feststellen, dass die Richter des Sondergerichts das Deutsche Reich als den rechtmäßigen Nutznießer des geraubten jüdischen Besitzes betrachteten, denn andernfalls hätte der Bürgermeister logischerweise nicht wegen Untreue gegenüber dem deutschen Staat verurteilt werden können.

---

[67] Staatsarchiv Kalisz: Sondergericht Kalisz 1939 – 1944, Nr. 118.
[68] Staatsarchiv Kalisz: Sondergericht Kalisz 1939 – 1944, Nr. 661.
[69] A.a.O.

Die Enteignung polnischen Besitzes im Warthegau erfolgte, um Platz zu schaffen für „deutschstämmige" Menschen. Das Sondergericht betrachtete diesen Vorgang aus nationalsozialistischer Perspektive. Immer wieder standen Polen als Angeklagte vor dem Sondergericht, zu deren Schicksal es gehörte, dass ihr Geschäft von der Besatzungsmacht geschlossen worden war oder dass sie entschädigungslos von ihrem Bauernhof *„aussiedeln"* mussten. Mit diesem Wort pflegte das Sondergericht die räuberische Enteignungen des Besitzes von Polen zu verharmlosen und zu verschleiern. Von Enteignung aber, gar von Raub polnischen Hab und Gutes sprach das Gericht in diesen Fällen nicht. – Umgekehrt kamen auch Deutsche vor das Sondergericht, die als volksdeutsche Siedler einen Bauernhof von Polen übernommen hatten oder als Reichsdeutsche einen ehemals jüdischen oder polnischen Betrieb führten und sich wegen einer anderen Sache strafbar gemacht hatten. Auch in diesen Fällen kam die Aneignung fremden Eigentums mit verschleiernder Wortwahl häufig zur Sprache.

Das *„Aussiedeln"* war aber kein harmloser Vorgang, sondern ein sorgfältig geplanter Akt gewaltsamer Vertreibung. Er traf viele Polen nicht gänzlich unvorbereitet, weil ihnen nicht verborgen blieb, was allenthalben im Warthegau geschah. Es ereignete sich im konkreten Fall dann aber doch plötzlich und dramatisch. Stephan Döring und andere haben den Vorgang des Besitzwechsels von landwirtschaftlichen Betrieben beschrieben[70]: 48 Stunden vor der „Aussiedlung" erhielt die zuständige Polizeidienststelle eine „Hofzuweisungsliste". Die polnischen Besitzer wurden aber erst unmittelbar vor der Ankunft der künftigen Inhaber vertrieben, denn weder sollten sie Gelegenheit zur Flucht noch zur Rettung eines Teils ihres Eigentums erhalten. Zudem durfte der landwirtschaftliche Betrieb, insbesondere die Versorgung der Tiere, nicht unterbrochen werden. Daher sollten zwischen Vertreibung und Übergabe allenfalls zwei Stunden liegen, ohne dass alte und neue Besitzer sich begegneten. Die betroffenen Polen wurden in ein Lager gebracht. Ein Polizist hatte zwischenzeitlich ihr Anwesen zu bewachen. Das Haus wurde hergerichtet: Es wurde gesäubert, religiöse Dinge wurden entfernt und die Zimmer möglichst geschmückt. Trotzdem verlief nicht immer alles nach Plan; viele der neuen Hofbesitzer bekamen Einzelheiten der Hofräumung mit. Das stellte sie vor Gewissensfragen, sofern sie sich darüber Gedanken machten.

---

[70] Döring, Stefan (2001): S. 286; Vogt, Corinna (2011): S. 127 f.; Müller, Erich (2012).

Das Sondergericht hatte keine rechtlich begründeten Skrupel hinsichtlich der Enteignung von Polen. Die in seiner Sprache und Urteilspraxis sich ausdrückende NS-Sichtweise zeigt zum Beispiel das Verfahren gegen den polnischen Landwirt Stefan M. wegen Kriegswirtschaftsverbrechens. M.´s Bauernhof befand sich in einem Gebiet, das als Truppenübungsplatz genutzt werden sollte. Dieser Bereich war in drei Zonen eingeteilt. Zone I und Zone II waren bereits geräumt worden. Daher konnte sich Stefan M. ausrechnen, dass sein Betrieb in Zone III ebenfalls bald enteignet werden würde. Verbotenerweise schaffte er Ernteerzeugnisse und Vieh beiseite, welches er entschädigungslos hätte abliefern müssen. Weil er also verbotswidrig zumindest Teile seines Eigentums vor der Enteignung zu retten versuchte, wurde er durch das Sondergericht Kalisch zu fünf Jahren Straflager verurteilt, sein Vater als sein Helfer zu zwei Jahren Straflager. Es haben, so die Feststellung des Gerichts, *„etwa 70 v. H. der von der Aussiedlung betroffenen Polen aus 60 Dörfern Erzeugnisse und Zubehör ihrer Wirtschaften beiseite geschafft und es hat vieler Mühe und langer Zeit bedurft, um die beiseite geschafften Sachen wieder herbeizuschaffen. Da Aussiedlungen hierzulande auch künftig erfolgen werden, muss bei Zeiten durch Auswerfung empfindlicher Strafen dafür gesorgt werden, dass jeder, der sich so verhält oder verhalten will, wie die beiden Angeklagten, weiss, welche Gefahr er läuft."* [71]

Polen ihres Besitzes zu berauben war aus der Perspektive des Sondergerichts also rechtmäßig und durch die Androhung von Sanktionen abzusichern. Unrechtmäßig und schwer zu bestrafen war es, wenn Polen Teile ihres Eigentums vor der Besatzungsmacht in Sicherheit zu bringen versuchten. In diesem Sinne urteilte das Sondergericht Kalisch, ohne in den Urteilsbegründungen den geringsten Selbstzweifel erkennbar werden zu lassen.

04.04.03 Zwangsarbeit

Die Deportation von Menschen zur Zwangsarbeit in Deutschland war gemäß der Haager Konvention völkerrechtswidrig. Sie wurde nach Kriegsende vom Internationalen Nürnberger Militärgerichtshof als Verbrechen gegen die Menschlichkeit geahndet.

Mit dem zwangsweisen Arbeitseinsatz von Polen in Deutschland war

---

[71] Staatsarchiv Kalisz: Sondergericht Kalisz 1939 – 1944, Nr. 309.

auch das Sondergericht mehrfach konfrontiert. In den schriftlichen Urteilen finden sich Sätze wie diese: *„Sein Vater ist seit 1939 als Arbeiter im Altreich."*[72] Oder: *„Die Angeklagte K[...], deren Ehemann im Altreich arbeitet ..."*[73] Die Juristen des Sondergerichts in Kalisch sahen hierbei aber kein rechtliches Problem. Das beweist der Prozess gegen Kazimira K. Sie war im November 1941 *„auf Veranlassung des Arbeitsamtes zur Arbeit ins Altreich verschickt"*[74] worden, floh jedoch während des Transports und versteckte sich. Nach ihrer Verhaftung kam sie wegen einer anderen Sache vor das Sondergericht Kalisch. Sie hatte einen Warenvorrat von Kurzwaren und Stoffen *„in Friedensqualität"* nicht angemeldet und damit angeblich *„böswillig die Deckung dieses Bedarfs gefährdet"*[75]. Des Bedarfs der Deutschen wohlgemerkt, denn an Polen durften Stoffe seit Juli 1941 nicht mehr verkauft werden. Bei der Zumessung von zwei Jahren Straflager wurde ihr strafverschärfend angerechnet, dass sie sich *„der Vermittlung zu geregelter Arbeit im Altreich entzogen"*[76] hatte.

Die Deportation verwandelte sich also in der Sprache des Gerichts zur *„Verschickung"*, die keinen Widerspruch erlaubende Anordnung des Arbeitsamts zur *„Vermittlung"*, die Zwangsarbeit zu *„geregelter Arbeit"*. Deportation und Zwangsarbeit erschienen, so gesehen, als ein gut geordneter, rechtmäßiger Vorgang. Nur die davor geflohene Kazimira K. hatte ihn demnach missverstanden.

Wie weit die Entrechtung der Polen ging, beschrieb der einundzwanzigjährige Władysław K. am 22. November 1942 unvorsichtigerweise in einem Brief an einen Verwandten, der bei der Auto-Union in Zwickau als *„Zivilarbeiter"* beschäftigt war. Gemäß der Erhebung des Sachverhalts durch das Sondergericht Kalisz teilte K. dem Verwandten sinngemäß mit, *„dass man die Polen jetzt fange und nach Deutschland ausführe, es sei schrecklich, man fange bei Tag und bei Nacht, bei Aushändigung der Arbeitsbücher fange man, man lade sie auf Kraftwagen wie Vieh und fahre sie nach Deutschland. Er will einmal selbst beobachtet haben, dass eine grössere Anzahl polnischer Arbeitskräfte auf einem Lastkraftwagen weggebracht worden seien [...]."*[77] Die Zensur fing den Brief ab, und so

---

[72] Staatsarchiv Kalisz: Sondergericht Kalisz 1939 – 1944, Nr. 367.
[73] Staatsarchiv Kalisz: Sondergericht Kalisz 1939 – 1944, Nr. 451.
[74] Staatsarchiv Kalisz: Sondergericht Kalisz 1939 – 1944, Nr. 218.
[75] A.a.O.
[76] A.a.O.
[77] Staatsarchiv Kalisz: Sondergericht Kalisz 1939 – 1944, Nr. 193.

musste sich W. am 23. März 1943 vor dem Sondergericht Kalisch verantworten. Nicht, dass seine briefliche Mitteilung falsch gewesen wäre. W. hatte im Gegenteil richtig beobachtet. Die Kammer des Sondergerichts wusste das ebenso gut wie er. Sie bestätigte sogar seine Darstellung weitgehend: *„Zwangsweise und überraschend schnelle Maßnahmen gegen zum Arbeitseinsatz bestimmte Polen sind hier im allgemeinen erforderlich, um diese Arbeitskräfte heranzubekommen. Es trifft auch zu, dass die zusammengeholten Arbeitskräfte auf Lastkraftwagen zu ihren Sammelplätzen abgefahren werden".*[78] Für diese Methoden des Zugriffs auf polnische Arbeitskräfte hatte das Gericht also viel Verständnis. Ebenso für die Art des Transports: Dass die Lastkraftwagen *„voll ausgenutzt werden, versteht sich in der heutigen Zeit von selbst. Auch der Angeklagte weiss, dass das alles aus erklärlichen Zweckmäßigkeitsgründen erfolgt."*[79] Von daher stellten die Richter fest, der Angeklagte habe sich *„in seinem Brief über die Massnahmen gegen die Polen und deren Abtransport in übertriebener und unterstellender Weise ausgelassen"*[80]. – Zwangsarbeit schien dem Gericht überdies ein angenehmes Beschäftigungsverhältnis zu sein. K. habe *„einräumen"* müssen, dass es seinem Verwandten und *„auch zwei seiner eigenen Schwestern, die sich mit ihren Ehemännern im Altreich im Arbeitseinsatz befinden, gut geht und dass sie zufrieden sind"*[81]. Von dieser die Zwangsarbeit äußerst beschönigenden Auffassung her gelangte das Gericht zu dem Schluss, es müsse *„unter allen Umständen dem entgegengetreten werden, dass fremde Arbeitskräfte durch entstellte und übertriebene Nachrichten unwillig gemacht werden, die ihre Arbeitsfreudigkeit mindern und dadurch die Kriegswirtschaft nachteilig beeinflussen können; denn solche Mitteilungen werden meist und noch mehr aufgebauscht weitergegeben, so dass eine allgemeinene Beunruhigung Platz greifen kann."*[82] Der Angeklagte habe sich in seinem Brief deutschfeindlich geäußert und sich dadurch nach der Polenstrafrechtsverordnung schuldig gemacht. Das Urteil lautete auf sechs Monate Straflager.

Die Richter der Kammer des Sondergerichts verharmlosten also Zwangsarbeit und rechtfertigten die Rekrutierung polnischer Zwangsarbeiter für das Deutsche Reich mitsamt den dabei angewandten Methoden.

---

[78] A.a.O.
[79] A.a.O.
[80] A.a.O.
[81] A.a.O.
[82] A.a.O.

Gleichzeitig urteilten sie, dass darüber zum Schutz der deutschen Kriegswirtschaft nicht wahrheitsgemäß berichtet werden durfte. Vielmehr sollten Informationen unterdrückt und die polnische Bevölkerung in Unwissenheit gehalten werden. Die drei Richter verteidigten damit verbrecherisches Handeln des „Dritten Reiches".

04.05 Unabhängigkeit und Befangenheit der Richter

Am Montag, dem 23.11.1942, hatte Veronika W. laut schriftlicher Ausfertigung des über sie gefällten Urteils eine Vorladung des Arbeitsamts zum nächsten Tag erhalten. Sie war sich demnach sicher, dass ihr Arbeitseinsatz in Deutschland verfügt werden würde und sprach darüber mit ihrer Schneiderin im Beisein der Volksdeutschen Kieselbach. Während der Unterhaltung verlor Veronika W. die Fassung und fing an zu weinen und zu schimpfen. Sie äußerte laut Urteilsbegründung, *„dass den Hitler das Donnerwetter treffen solle, er solle nicht mehr leben, er und seine Regierung regierten nicht gut, wenn sie könnte, dann würde sie alle Deutschen ausschlachten. Als die Zeugin Kieselbach sie darauf hinwies, dass man so etwas nicht sagen und den Führer nicht schlecht machen dürfe, schwieg die Angeklagte. Die Zeugin Kieselbach erzählte ihr Erlebnis am nächsten Tage ihrer Nachbarin, die es dann zwei Tage später bei einer zufälligen Gelegenheit der Gendarmerie mitteilte.*" [83]

Das Sondergericht zeigte eine gewisse Einsicht. Zwar wertete es die Äußerungen der Angeklagten als *„geradezu unerhört und im höchsten Grade zu missbilligen. Allein in diesem Fall handelt es sich nicht um Äußerungen, die der Hetze gegen das Deutschtum dienen sollten, sondern die Angeklagte ging von ihrem Fall aus, nämlich dass sie als Mutter von zwei Kindern, davon eins noch sehr klein, wegkommen sollte, obwohl nach ihren Beobachtungen noch genug ledige polnische Frauen vorhanden waren, die nicht vermittelt wurden. Die Trennung von ihren Kindern, die zwar noch nicht endgültig war, mit der sie aber, das muss angenommen werden, als sicher rechnete, hatte sie sehr stark erregt, was immerhin verständlich ist.*"[84] Hier ist vielleicht eine gewisse Kritik der Richter an der Auswahlpraxis des Arbeitsamtes herauszuhören, aber ohne grundsätzliche Bedenken wegen der Tätigkeit dieser Behörde. Obwohl die Angeklagte sich negativ über Hitler geäußert und außerdem erklärt hatte,

---

[83] Staatsarchiv Kalisz: Sondergericht Kalisz 1939 – 1944, Nr. 580.
[84] A.a.O.

sie werde, wenn sie könnte, „*alle Deutschen ausschlachten*", unterstellte das Gericht Veronika W. keine grundsätzlich deutschfeindliche Einstellung. Als solche hätten die Richter gemäß ihrer sonstigen Urteilspraxis die festgestellten Äußerungen zu Ungunsten der Angeklagten durchaus auch auslegen können. Stattdessen wiesen sie auf die Beziehung der Angeklagten zum „Altreich" hin. Eine verheiratete Schwester lebe dort und ein Vetter von ihr diene in der deutschen Wehrmacht. Eine sehr empfindliche, im Vergleich mit einigen anderen Fällen allerdings verhältnismäßig geringe Strafe hielt das Gericht dennoch für notwendig: „*Es geht nicht an, dass Polen in dieser Weise und ohne Hemmungen losschimpfen, wie es die Angeklagte getan hat. [...] Wenn sie nicht höher als auf 1 Jahr Straflager bemessen worden ist, so nur deshalb, weil dieser Fall eine milde Beurteilung ausnahmsweise einmal zulässt. Die ausgeworfene milde Strafe wird auch genügen, die Angeklagte zu veranlassen, sich künftig ordentlich zu führen und ihre Zunge zu hüten.*"[85]

Die vermeintliche Milde, die sich das Gericht zuschrieb, ist freilich nicht aus dem Strafmaß von einem Jahr Lagerhaft selbst abzuleiten, das keineswegs milde war, sondern aus dem Vergleich mit anderen Terrorurteilen bei ähnlichen Äußerungen. Die geübte „Nachsicht" dokumentiert gewisse Spielräume der Gerichte im NS-Staat. Daneben bleibt auf die grundsätzliche Rechtswidrigkeit dieses Urteils hinzuweisen. Die heftige, aber begreifliche und selbst für die Richter nachvollziehbare Unmutsäußerungen der Veronika W. waren kein Verbrechen. Das traf vielmehr auf ihre bevorstehende Verschleppung zur Zwangsarbeit zu. Aber das Sondergericht urteilte eben nach anderen Maßstäben.

Auch in weiteren Fällen bewies das Sondergericht Eigenständigkeit gegenüber der Anklageerhebung durch die Staatsanwaltschaft. Die Prüfung der Anklage und die Beweiserhebung während der Hauptverhandlung hatte auch Freisprüche zur Folge. Selbst Polen konnten davon profitieren, sogar beim Vorwurf einer schweren Straftat. Die polnischen Landarbeiter Andrzej M., Władysław M. und ein weiterer Władysław M. sowie die Witwe Feliksa J. waren des Landfriedensbruchs, begangen im eigenen Hause, angeklagt, die Witwe J. zusätzlich der Widersetzlichkeit gegenüber Anordnungen deutscher Behörden. Die Beschuldigten wurden dem Gericht aus einer mehrmonatigen Untersuchungshaft vorgeführt, während der den Tatsachenfeststellungen des Gerichts zufolge aus heuti-

---

[85] A.a.O.

ger Sicht wahre Täter in der Verhandlung als Zeuge und unbescholten freier Mann auftreten durfte. Er war Deutscher und hieß Winteler.

Es ging um einen schwerwiegenden Vorfall während der Kartoffelernte 1942, der zum Tode des Polen Jan Miętus führte und hier auch deshalb ausführlich dargestellt werden soll, weil die Gerichtsverhandlung einen Eindruck davon vermittelt, mit welcher Selbstherrlichkeit und welchem Hochmut Deutsche im Warthegau, die Richter eingeschlossen, sich gegenüber Polen verhielten – als „Herrenmenschen" eben. Den Erkenntnissen des Gerichts gemäß hatte sich in dem Dorf Busina folgendes ereignet: Der schon genannte Zeuge Winteler, ein Volksdeutscher aus Lettland, verwaltete ein enteignetes Gut. Für die Einbringung der Kartoffelernte fehlten ihm Arbeitskräfte. Er beantragte daher die Zuteilung von polnischen Arbeitern. Bürgermeister Fialkowski, zugleich Ortslandwirt, bestimmte daraufhin aus jedem Haus seines Dorfes ein bis zwei Arbeiter als Erntehelfer für den 3. Oktober auf dem Gut. *„So hatte"*, stellte das Gericht fest, *„der Zeuge Fialkowski am Abend des 2. Oktober 1942 durch seinen 20jährigen Sohn auch von dem Hofe der J[...] zwei Mann für den 3. Oktober zur Gutsarbeit befohlen. Die J[...] hatte aber, da sie am 3. Oktober selbst Kartoffeln ausmachen musste und zur Verladung anzuliefern hatte, dem Zeugen Fialkowski sagen lassen, dass sie deswegen keinen Mann zur Gutsarbeit schicken könne.* "[86] Der Bürgermeister, so stellte das Gericht weiter fest, habe daher seine Anweisung gegenüber der Bäuerin J. zurückgenommen, ohne aber auch den Gutsverwalter Winteler davon zu informieren.

„Als am 3. Oktober", so heißt es in dem Urteilstext weiter, *„zum Zeugen Winteler nur wenige von dem [!] ihm zur Arbeit zugewiesenen Arbeitern gekommen waren, war er um die Mittagstunde selbst in die Wohnungen der fehlenden Polen gegangen, um sie heranzuholen. So war er auch auf dem Hofe der J[...] erschienen. Hier hatte er in einem Wohnzimmer beim Mittagessen sitzend etwa 12 – 14 Personen angetroffen, unter ihnen auch die J[...] selbst [...] sowie ihren jetzt verstorbenen Schwager Jan Miętus. Auf seine Frage wegen der Nichtgestellung der 2 Arbeitskräfte erhielt Winteler von der J[...] die Antwort, dass sie wegen der eigenen Kartoffelernte an diesem Tage keine Leute zu stellen brauche, aber für die nächsten Tage dazu bereit sei. Als Winteler darauf fragte, wo ein gewisser Sagloba im Dorfe wohne, erhielt er von der J[...] die Antwort:*

---

[86] Staatsarchiv Kalisz: Sondergericht Kalisz 1939 – 1944, Nr. 326.

‚Weiter im Dorfe.' Winteler hielt die Antwort für nichtssagend und in einem abweisenden Ton gegeben. Er schlug deswegen die J[...] mit seinem Spazierstock über den Arm. Daraufhin sprang der Jan Miętus auf und sagte: ‚Es ist nicht erlaubt, zu schlagen.' Winteler befahl dann dem Jan Miętus, herauszukommen, damit er ihm die Wohnung des Sagloba zeige. Dieser folgte und ging mit dem Winteler, während alle übrigen Anwesenden im Zimmer verblieben, allein auf den Hof hinaus. Hier sagte er dem Winteler, dass er in Ruhe gelassen bleiben und jetzt essen wolle. Wegen dieser Frechheit züchtigte ihn Winteler durch einen Schlag mit seinem Spazierstock. Jan Miętus schlug zurück, zunächst mit der Faust, dann mit einer Latte und verletzte den Winteler im Gesicht. Winteler ging darauf nach dem etwa 1 Kilometer entfernt liegenden Gut Lipki, nahm dort seine Jagdflinte an sich, liess die Gendarmerie um ihr Erscheinen am Tatort bitten und begab sich sofort in Begleitung seiner beiden Gutsangestellten, der Zeugen Kowalski und Sniadowski, wieder dorthin zurück. Er wollte hier verhindern, dass der Jan Miętus sich vor Erscheinen der 6 km weit ab wohnenden Gendarmeriebeamten entfernte, und ihn vorläufig selbst festnehmen. Im Hause der J[...] traf er in dem rechts von dem etwa 2 mal 2 m grossen Hausflur gelegenen Wohnzimmer, in das er hineintrat, am Tische sitzend 4 bis 6 Personen an. [...] Da Winteler in der Stube den gesuchten Jan Miętus nicht sah, befahl er den anwesenden Personen, in der Stube zu verbleiben und sich ruhig zu verhalten. Seinen beiden Begleitern, den Zeugen Kowalski und Sniadowski, befahl er in der links vom Hausflur gelegenen Küche und einem dahinter liegenden Zimmer nach Jan Miętus zu suchen und ihn herauszubringen. Er selbst stellte sich, seine Flinte schussbereit haltend, auf der Schwelle der Haustür auf. Kowalski und Sniadowski fanden den Jan Miętus in der Küche, in der nur die Feliksa J[...] am Herde tätig war, nicht. In dem hinter der Küche liegenden Zimmer wurde der Jan Miętus betroffen und, da er nicht freiwillig herauskam, von Sniadowski ergriffen und in die Küche gezogen. Von hier ging Jan Miętus dann selbst zum Flur hin. In diesem Augenblick kamen auch die im Wohnzimmer anwesenden Personen näher zur offen stehenden Tür hin. Winteler rief ihnen wiederholt zu: ‚Bitte von der Tür zurück, ich werde schiessen.' Da Jan Miętus, an der Küchentür stehend, nach den Personen in der Stube schielte, glaubte Winteler, dass diese herauskommen und dem Jan Miętus eine Flucht ermöglichen könnten. Winteler schoss darauf auf den freistehenden Jan Miętus, der in das Bein getroffen wurde und an der erlittenen Verletzung später starb. Als Winteler dann mit seinen beiden Begleitern den Hof

46

verliess, kamen erst die in der Stube anwesenden Personen auf den Flur heraus und mühten sich um den verletzten Jan Miętus. "[87]

Alle Angeklagten wurden freigesprochen, aber nicht wegen erwiesener Unschuld, sondern *„da das Beweisergebnis nach alledem nicht ausreichte, um die Angeklagten einer strafbaren Handlung zu überführen"*[88]. Sie hätten, so das Gericht weiter, *„nur dann zur Rechenschaft gezogen werden können, wenn ihnen Angriffsabsichten gegen Winteler oder eine Unterstützung etwaiger Angriffsabsichten des Jan Miętus hätten nachgewiesen werden können. "*[89]

Die Kammer des Sondergerichts verhinderte mit ihrem Freispruch, dass Unschuldige zu Unrecht bestraft wurden, ohne jedoch zugleich eine Entschädigung der Freigesprochenen wegen der erlittenen monatelangen Untersuchungshaft festzusetzen. Dass Jan Miętus sich zunächst verbal, aber sachlich, zur Wehr setzte und nicht bereit war, sich von Winteler herumkommandieren zu lassen, werteten die Richter als *„Frechheit".* Dass der Deutsche in ein fremdes, polnisches Haus eindrang, Befehle erteilte und die Hausfrau schlug, beanstandete das Gericht dagegen nicht. Kein Zweifel auch, die polnischen Angeklagten wären verurteilt worden, hätten sie nur die geringste Absicht zur Gegenwehr erkennen lassen. Die bloße *„Angriffsabsicht",* die Tatbereitschaft ohne Ausführung einer Tat, hätte dem Gericht dazu erklärtermaßen ausgereicht. Der offensichtlich wahre Angreifer aber, der Gutsverwalter Winteler, der anmaßend, in Selbstjustiz und zur Abwehr einer angeblichen Fluchtgefahr den Jan Miętus erschoss, ein Totschläger also, hatte von der deutschen Justiz nichts zu befürchten, nicht einmal die geringste Missbilligung seines Handelns durch die Richter. Trotz der gegenüber der Staatsanwaltschaft als Anklagebehörde durch den Freispruch bewiesenen richterlichen Unabhängigkeit ist Befangenheit der Kammer des Sondergerichts festzustellen, nämlich wegen seiner nationalsozialistisch geprägten Grundeinstellung und seiner Besatzer-Moral, welche die Polen zu Menschen minderen Rechts degradierte. Die weltanschaulichen Vorurteile der Richter hatten Einfluss auf ihre Entscheidungen.

Das Sondergericht war damit für Menschen, deren Denkweisen und Handlungen sowie überhaupt deren Sein dem NS-Regime nicht genehm

---

[87] A.a.O.
[88] A.a.O.
[89] A.a.O.

waren, keine juristische Instanz, von der sie Gerechtigkeit erwarten durften.

04.06 Die nur teilweise Wahrung der Form

Von dem Strafverfahren gegen den Landarbeiter Peter H. und den Landwirt Roch H., beide Polen, liegt nur das Protokoll der Hauptverhandlung vor, nicht die Urteilsbegründung. Danach wurden die Angeklagten am 26.3.1943 aus der Untersuchungshaft vorgeführt. Das Gerichtsverfahren gegen sie war öffentlich. Als ihr Verteidiger erschien der Rechtsanwalt Dr. Birkholz. Justizinspektor Erdenberger fungierte als Dolmetscher. Acht Zeugen und Sachverständige waren geladen, von denen aber der Zeuge Fürst nicht erscheinen konnte: Er war zur Wehrmacht eingezogen worden. Die polnischen Zeugen wurden vor ihrer Aussage zur Wahrheit ermahnt und über die Folgen einer Falschaussage belehrt. Von einer Vereidigung sämtlicher deutschen Zeugen wurde abgesehen, nachdem die Beteiligten, also das Gericht und die Staatsanwaltschaft, darauf verzichtet hatten. Die Staatsanwaltschaft beantragte ein Jahr acht Monate bzw. zehn Monate Straflager unter Anrechnung der erlittenen Untersuchungshaft. Der Verteidiger stellte das Strafmaß für einen der Angeklagten in das Ermessen des Gerichts und beantragte für den anderen Freispruch. Beide Angeklagten baten in ihrem Schlusswort um Freispruch, da sie die gesetzlichen Bestimmungen nicht gekannt und nicht gewusst hätten, dass sie sich strafbar machten. Das Gericht verkündete sein Urteil um 12:38 Uhr. Die Beschuldigten wurden auf Grund der Polenstrafrechtsverordnung wegen eines nicht näher bezeichneten Kriegswirtschaftsverbrechens und der Beihilfe dazu zu einem Jahr vier Monaten bzw. zu acht Monaten Straflager verurteilt. Die Untersuchungshaft war auf die Haftstrafe anzurechnen. Danach blieben noch zwei beziehungsweise sechs Monate Straflagerhaft zu verbüßen. Die Kosten des Verfahrens hatten die Angeklagten zu tragen.[90]

Dem protokollierten Verlauf nach erscheint in diesem Prozess auf den ersten Blick hin die Form eines rechtsstaatlichen Strafprozessverfahrens gewahrt. Zur Beweiserhebung wurden zahlreiche Zeugen geladen. Ob allerdings alle, die zur Aufklärung der Tat hätten beitragen können, auch darunter waren, ob alle vorhandenen Beweise zu Gunsten oder zu Un-

---

[90] Staatsarchiv Kalisz: Sondergericht Kalisz 1939 – 1944, 26.2.1943.

gunsten der Angeklagten auch herangezogen wurden, lässt sich nicht überprüfen. Die Angeklagten hatten einen Rechtsanwalt als Verteidiger. Der musste allerdings Deutscher sein, weil polnische Anwälte vor dem Sondergericht nicht zugelassen waren. Wie weit sich also Angeklagte und Verteidiger überhaupt verständigen konnten, bleibt daher fraglich. Der anwesende Gerichtsdolmetscher stand dafür sicher nicht zur Verfügung. Die Richter konnten nicht wegen Befangenheit abgelehnt werden. Mit der Verkündung des Urteils, also um 13:38 Uhr, wurde es sogleich rechtskräftig und vollstreckbar. Die Angeklagten hatten keine Möglichkeit, den Urteilsspruch anzufechten. Der gravierendste Einwand gegen die Rechtlichkeit des Urteils ist jedoch der, dass das Gericht es überhaupt verkündete. Die Urteilsverkündung bedeutete nämlich, dass die Richter die Rechtsgrundlage, also die Polenstrafrechtsverordnung, nicht in Zweifel zogen. Auch in keinem der weiteren untersuchten Urteile des Sondergerichts Kalisch wird die Rechtmäßigkeit der Polenstrafrechtsverordnung oder eines anderen herangezogenen NS-Gesetzes auch nur im Geringsten in Frage gestellt.

Bei anderen als dieser geschilderten Verhandlung ist der Unrechtscharakter des Prozessverfahrens sofort viel auffälliger. Zum Beispiel wurde die Polin Stanislawa J. dem Gericht am 21. Juli 1943 aus der Untersuchungshaft vorgeführt. Ihr wurde vorgeworfen, ihre Waschküche für die unerlaubte Schlachtung von acht Schweinen zur Verfügung gestellt zu haben, dabei selbst mit Handreichungen beteiligt gewesen und mit einer nicht mehr feststellbaren größeren Menge Fleisch dafür entlohnt worden zu sein.[91] Die einzigen durch das Gericht gehörten Zeugen waren zahlreiche Mitangeklagte, denen daran gelegen sein musste, sich selbst zu entlasten, möglicherweise auf Kosten von Stanislawa J. Deren eigene Version war, die Waschküchentür habe immer offen gestanden, sie habe nie die Erlaubnis zu einer Schlachtung gegeben und nur einmal geholfen, die Waschküche wieder zu reinigen. Aber sie konnte aus der Haftanstalt heraus keine wirksame Verteidigung organisieren. Besondere Rechtskenntnisse sind ihr gewiss nicht zuzuschreiben. Einen Verteidiger hatte sie nicht, ebenso wie die meisten der vor dem Sondergericht angeklagten Polen. Des Deutschen war sie vermutlich nicht mächtig, Verständigungsschwierigkeiten sind also anzunehmen. Stanislawa J. war also vor Gericht eine der Staatsanwaltschaft und den Richtern ziemlich hilflos ausgelieferte Angeklagte. Das Urteil für sie lautete auf fünf Jahren Straflager.

---

[91] Siehe Staatsarchiv Kalisz: Sondergericht Kalisz 1939 – 1944, Nr. 241.

04.07 Zeugen vor dem Sondergericht

Zeugenaussagen waren, neben Geständnissen, in vielen Fällen die einzigen Beweismittel, die zur Verurteilung von Angeklagten führten. Oft stand dabei auch Aussage gegen Aussage und das Gericht musste sich für die Wahrheit der einen und gegen die Glaubwürdigkeit der anderen entscheiden. So geschah es in dem Prozess gegen den Landwirt Stefan K., dem vorgeworfen wurde, *„der Polin Walentina Dabrowska unter Anwendung von Drohungen mit gegenwärtiger Gefahr für Leib und Leben 60.– RM, 3 Hühner und 15 Eier weggenommen zu haben."*[92] Einzige Zeugin war die Überfallene. Sie beschuldigte den Stefan K., der Täter gewesen zu sein. Ihre Aussage führte zu Untersuchungen und umfangreichen Überlegungen des Gerichts: *„Für die Schuld des Angeklagten sprach allein die Aussage der Zeugin Dabrowska, die den Angeklagten an seinem steifen Arm trotz seiner Maskierung und trotz spärlicher Beleuchtung des Raumes, in dem sich die Tat abgespielt hat, bestimmt erkannt haben will. Das Gericht hatte zwar keinen Zweifel an der persönlichen Zuverlässigkeit der Zeugin, die einen ordentlichen Eindruck machte, einen guten Leumund besitzt und ihre Aussage mit Sicherheit machte. Da es aber, wovon sich das Gericht durch Augenschein überzeugt hat, außerordentlich schwer ist, bei der beschränkten Lichtquelle, wie sie die Zeugin in ihrer kleinen, ziemlich niedergeschraubten Petroleumlampe hatte, einen maskierten Menschen mit Sicherheit zu erkennen, konnte das Gericht nicht jede Möglichkeit eines Irrtums der Zeugin ausschliessen. Zwar hatte die Zeugin in dem steifen Arm des ihr von Jugend auf bekannten Angeklagten ein besonderes Kennzeichen. Es ist aber im hiesigen Gebiet die Feststellung zu machen, dass Linkshänder und Armbeschädigte bei den Polen nicht selten sind. Auch in der aufgeregten Situation, in der sich die Zeugin beim Erscheinen der zwei Männer, die von ihr Geld forderten, befunden haben muss, liegt eine unverkennbare Gefahrenquelle für einen Irrtum. Der Angeklagte war zudem in der ganzen Gegend als Tunichtgut und Dieb bekannt, und es besteht daher die Möglichkeit, dass die Zeugin deshalb, als sie den Eindringling als Linkshänder erkannte, ohne weiteres auf ihn als Täter gekommen ist, auf den auch sonst bei Diebstählen in der Gegend der erste Verdacht zu fallen pflegte. Es ist auch im übrigen weiter nichts hervorgetreten, was die Aussage der Zeugin Dabrowska objektiv hätte stützen können. Vielmehr war schliesslich auch nicht unbeachtlich, dass die Zeugin nicht von Anfang an den Ange-*

---

[92] Staatsarchiv Kalisz: Sondergericht Kalisz 1939 – 1944, Nr. 183.

klagten als Täter bezeichnet hat, was sie zumindest ihrer eigenen Schwester gegenüber hätte tun können, der gegenüber sie aber nur erklärt hat, sie glaube, dass der Angeklagte es gewesen sei. [...] Gegen die Aussage der Zeugin Dobrowska spricht im übrigen die Tatsache, dass trotz Suchens die Kleidung, die der Angeklagte bei der Tat getragen haben sollte, bei ihm nicht gefunden ist, sondern nur andersartige Kleidungsstücke in einem Umfange, wie sie [!] bei polnischen Landbewohnern üblich ist. Wenn auch gegen den vielfach wegen Eigentumsvergehen vorbestraften Angeklagten viel spricht und er nach wie vor der Tat dringend verdächtig bleibt, so konnte das Gericht nicht die letzte Möglichkeit eines Irrtums der Zeugin Dabrowska ausschließen. Dies wäre aber bei der zu erwartenden schwersten Strafe, die den Angeklagten hätte treffen müssen, nötig gewesen."[93]

Die Richter schlossen sich also in diesem Fall der Zeugenaussage nicht an und vermieden damit die Todesstrafe. Die Urteilsbegründung erweckt dabei den Eindruck eines die Aussage der Zeugin ernst nehmenden, gründlich abwägenden, um Wahrheitsfindung und Gerechtigkeit bemühten Gerichts. Tatsächlich aber waren die Richter entgegen diesem Anschein entschlossen, den Angeklagten in jedem Fall zu verurteilen. Zwar zog die Staatsanwaltschaft die Anklage wegen des unbewiesenen Raubes zurück, aber verurteilt wurde der Angeklagte danach dennoch, und zwar wegen eines von ihm in dem Verfahren vorgetragenen Alibis, welches das Geständnis einer anderen Straftat beinhaltete. Dieses Geständnis abzulegen war für den Angeklagten relativ vorteilhaft, weil es zumindest von dem Vorwurf des Raubüberfalls entlastete: Er sei, so Stefan K., zur Zeit des Überfalls zum Anwesen eines Nachbarn gegangen und habe dort vom freien Feld einige Kürbisse und etwa 30-40 Stauden Tabak gestohlen. Obwohl das Gericht den Angeklagten weiterhin des Raubüberfalls für dringend verdächtig hielt, er den Raub in dem Haus der Witwe Dabrowska und den eingestandenen Diebstahl auf dem Feld aber nicht gleichzeitig begangen haben konnte, also von daher auch Zweifel an dem abgelegten Geständnis bestehen mussten, verurteilte ihn das Sondergericht kurzerhand als Rückfalltäter wegen einfachen Diebstahls einer kleineren Menge landwirtschaftlicher Produkte zu drei Jahren Straflager. Den an sich erforderlichen und naheliegenden Versuch, das Geständnis, auf welches das Urteil sich stützte, durch Vernehmung des Nachbarn auf seinen Wahrheitsgehalt hin zu überprüfen, unternahm das Gericht dage-

---

[93] Hauptstaatsarchiv Kalisz: Sondergericht Kalisz 1939 – 1944, Nr. 183.

gen nicht. Eine Aussage dieses Zeugen zu der für die Verurteilung wichtigen Frage, ob er bestohlen worden sei und in welchem Zeitraum, wurde nicht eingeholt.

Ebenso wie bei der Zeugin Dabrowska legte das Sondergericht im Verfahren gegen den deutschen Webermeister Johann L. einen hohen Maßstab an die Aussagekraft und Verwertbarkeit einer Zeugenaussage an. Beim ehrenamtlichen Zählen des Inhalts von Sammelbüchsen der Nationalsozialistischen Volkswohlfahrt beobachtete laut Feststellung des Gerichts eine der Zählerinnen, wie ihr Gegenüber, der Johannes L., einmal die Hand aus seiner Jackentasche zog und ein andermal etwa 20 der vor ihm auf dem Tisch aufgestapelten 50-Pfennig-Stücke in seine Jacke steckte. Die Zeugin teilte ihre Beobachtung den dafür Zuständigen mit. Tatsächlich wurden genau zwanzig 50-Pfennig-Stücke und weiteres Geld in den Taschen des Zählers gefunden. Der erklärte, es sei sein eigenes gewesen; die 50-Pfennig-Stücke habe er lediglich eingewechselt. Das Gericht setzte sich mit der Beobachtung der Zeugin und der Auffindung der Münzen bei dem Angeklagten ausführlich auseinander. Ohne die Zuverlässigkeit der Zeugin zu bezweifeln, kam es zu dem Schluss, dass trotz vieler Verdachtsmomente ein sicherer Beweis für die Schuld des Angeklagten nicht erbracht sei. Es sprach den Angeklagten frei, weil bei einem solch angesehenen Manne *„an das Beweisergebnis ganz besondere Anforderungen gestellt werden "*[94] müssten – als ob es dahingehend je nach Ansehen des Angeklagten Unterschiede geben dürfte.

In anderen Fällen allerdings stellte das Gericht an die Beweiserhebung mit Hilfe von Zeugen erheblich geringere Anforderungen. Einfach war es, wenn die Aussage eines Deutschen gegen die Aussage eines Polen stand – wie zum Beispiel im Fall des oben schon erwähnten polnischen Angeklagten Josef N.[95] Laut schriftlicher Ausfertigung des Urteils hatte sich folgendes ereignet: Der Besitz von Josef N., ein Bauernhof, war im Frühjahr 1942 enteignet worden. Danach wurde N. noch gelegentlich zu Arbeiten herangezogen, auf dem Gut und bei seinem Nachbarn, dem Ortsvorsteher Fritz. Dieser hatte den an Lungenentzündung erkrankten Sohn von N. zweimal zum Arzt gefahren. Dabei wurde vereinbart, dass N. diese Leistung abarbeiten werde. An einem Tag im Februar 1943 benötigte Fritz noch einen Arbeiter beim Dreschen. Er schickte seinen

---

[94] Hauptstaatsarchiv Kalisz: Sondergericht Kalisz, Nr. 628.
[95] Siehe Seite 33!

52

15jährigen Sohn zum Nachbarn und ließ ihn auffordern, zur Arbeit zu kommen. Der erklärte aber, er käme nicht, es wären noch andere Leute im Dorf, die helfen könnten. Daraufhin ging Fritz selbst zu Josef N., traf ihn im Hof an, fasste ihn vor der Brust und wiederholte seine Aufforderung. Der Darstellung von Fritz als Zeuge vor Gericht zufolge lehnte N. erneut ab, obwohl er an die Abmachung erinnert wurde. Josef N. erklärte, er arbeite auf dem Gut und sei dem Fritz nicht unterstellt. Beide gingen dann in die Wohnung des Angeklagten, wo Fritz ihn erneut zur Rede stellte und seine Forderung damit bekräftigte, N. habe ihm auch als Ortsvorsteher zu gehorchen. *„Da fasste den Angeklagten die Wut, er verfärbte sich, zog aus der Tasche ein Taschenmesser, öffnete es, hielt es mit zitternder Hand vor sich und sprach dabei die Worte: ‚Ich bin alt, mir geht es nicht um mein Leben'. Der Zeuge Fritz, der etwa 2 m von ihm entfernt an der Tür gestanden hatte, verliess darauf sofort das Zimmer und erstattete Anzeige."*[96]

Der Angeklagte trug dem Gericht zufolge eine andere Version, wonach er den Deutschen nicht bedroht hätte, vor: Er *„will die Aufforderung des Sohnes des Zeugen Fritz nur aus Scherz abgelehnt und bereits auf dem Wege zu Fritz gewesen sein, als dieser ihm auf dem Hofe an die Brust gefasst und in die Wohnung hineingestossen habe. Hier habe er wohl gesagt, dass er von dem Zeugen nicht abhängig sei, da er auf dem Gute arbeite. Dann habe er sich aber auf einen Tisch gesetzt und ein dort liegendes Taschenmesser in die Hand genommen, um Garn abzuschneiden. Der Angeklagte bestreitet, das Messer zur Bedrohung des Zeugen Fritz erhoben und die Worte gesagt zu haben: ‚Ich bin alt, es geht mir nicht um mein Leben.'"*[97] – Aussage stand somit gegen Aussage. Vielleicht hatte Josef N. den Ortsvorsteher Fritz mit dem Messer bedroht. Vielleicht hatte der alte Bauer, zuvor hart angepackt, tatsächlich aus einem Schutz- und Verteidigungsbedürfnis heraus das Messer vor sich gehalten, allerdings in Abwehrhaltung. Vielleicht hatte er, auf dem Tisch sitzend, Garn abgeschnitten, möglicherweise, um seine Weigerung demonstrativ zu bekräftigen. Denkbar ist das auch. – Da Polen vor Gericht keinen Eid leisten durften, der deutsche Ortsvorsteher aber vereidigt wurde, war der Fall für das Gericht entschieden: *„Diese Einlassung des An-*

[96] Staatsarchiv Kalisz: Sondergericht Kalisz 1939 – 1944, Nr. 350.
[97] A.a.O.

geklagten ist jedoch durch die eidliche und unbedingt glaubhafte Bekundung des Zeugen Fritz widerlegt. "[98]

Weitere mögliche Bemühungen, den Fall zu klären, unterblieben. Der Deutsche und der Pole waren in dem Wohnzimmer nämlich nicht allein gewesen. Die Frau und der Sohn des Polen wurden dort Zeugen des Vorfalls. Es hätte nahe gelegen, beide zur Aufklärung des Sachverhalts ebenfalls zu vernehmen. Aber das Sondergericht beschränkte sich dennoch darauf, den Ortsvorsteher Fritz als einzigen Zeugen zu hören.

Auch eine andere Akte des Sondergerichts lässt die Nichtladung wichtiger Zeugen erkennen. Entsetzt über das gegen seine Mutter verhängte Urteil bot sich Heinrich M. in einem Brief vom Dezember 1942 dem Gericht als Zeuge für ein Wiederaufnahmeverfahren an.

„Betrifft: Gerichtssache der Regina M[...] aus Schieratz

Ich möchte anfragen ob es mir zusteht in der Gerichtssache der Regina M[...] eine Berufung einzulegen. Das ist unglaublich und unverständlich für mich, dass meine Mutti zu einer so schweren Strafe verurteilt wurde. Ich möchte Sie daher bitten, meiner Mutti und mir die Möglichkeit zu geben, noch einmal gerichtlich auszusagen. Ich, als bester Zeuge und Sohn, weiß gewiß viel mehr als irgend jemand. Deshalb entschließe ich mich und bitte Sie mein Appellationsgesuch annehmen zu wollen.

Im Falle wenn Sie solche Gesuche nicht annehmen, möchte ich Sie höflichst bitten mir so schnell wie möglich mitzuteilen an wen soll ich mein Gesuch richten. Ich war während der Vernehmung u. Verurteilung meiner Mutti nicht anwesend. Die Mutti war allein, wir Kinder wurden gar nicht von dem Termin benachri[ch]tigt. Ich bin schon 22 Jahre alt, kann daher gerichtlich aussagen. Alle Kosten die damit verbunden sind, bezahle ich natürlich.

Bloß helfen Sie mir, bitte, und sagen Sie was ich jetzt anstellen soll. In diesen Sachen bin ich ein Neuling und habe überhaupt keine Ahnung an wen ich mich wenden soll. Vielleicht ist es verboten an das Sondergericht Briefe zu schreiben aber verzeihen Sie mir, da ich sehr schwer getroffen bin. Haben Sie Mitleid mit meiner liebsten Mutti und gestatten Sie nochmalige Prüfung dieser Sache.

---

[98] A.a.O.

*In Erwartung, daß mein Brief beantwortet wird, verbleibe ich
mit voller Hochachtung
Heinrich M [...].
Schieratz, Kirchstraße 2
P.S. Mutti wurde am 26. VIII. 42 in Schieratz verhaftet am 27. VIII
nach Kalisch geschickt. Am 8. 12.42 wurde sie zu 3 ½ Jahren verurteilt
u. am 10.12.42 in unbekannter Richtung abgeschickt".*[99]

Es traf offensichtlich zu, dass der Sohn ein nicht unwichtiger Zeuge
gewesen wäre. Seine Mutter, Regina K., war mehrerer Straftaten angeklagt, nämlich Spinnstoffwaren aus ihrem 1941 zwangsweise geschlossenen Geschäft nicht wie vorgeschrieben angemeldet, sondern sie verbotenerweise entfernt und im Schwarzhandel verkauft zu haben. Bei der
Durchsuchung ihrer Wohnung hatte die Polizei Warenbestände gefunden.
Die frühere Geschäftsfrau legte auch ein Geständnis ab, widerrief es aber
vor Gericht mit der Begründung, ihr sei beim Polizeiverhör Gewalt angedroht worden. Die gefundenen Sachen seien als Aussteuer für die Tochter
gedacht gewesen. Den Lebensunterhalt habe sie nach Schließung des
Geschäfts durch Näharbeiten bestritten, außerdem sei sie teilweise von
ihrer Tochter und ihrem Sohn, die beide arbeiteten, unterstützt worden.
Das Gericht folgte diesen Erklärungen nicht. Der Erlös der Näharbeiten
könne nicht ausgereicht haben und eine weitgehende Unterstützung durch
die Kinder über den Zeitraum eines Jahres hinweg sei auch wenig wahr-
scheinlich, weil diese als Polen selbst nicht viel verdienten. Das Gericht
begnügte sich mit dieser Annahme als einem nicht unwichtigen Argu-
ment für den Schuldspruch, ohne sich um weitere Aufklärung zu bemü-
hen und zum Beispiel die Kinder und weitere Zeugen dazu zu hören.

Die Vorgehensweise, wichtig erscheinende Zeugen nicht zur Beweiserhebung heranzuziehen, vermittelt den Eindruck, dass die Kammer des
Sondergerichts Kalisch voraussehbar unerwünschte Aussagen durchaus
schon im Vorfeld des Prozesses herausfilterte. – Dass der Eingabe des
Heinrich M., das Verfahren wieder aufzunehmen und eine Aussage machen zu dürfen, kein Erfolg beschieden war, versteht sich.

---

[99] Staatsarchiv Kalisz: Sondergericht Kalisz 1939 – 1944, Nr. 332.

04.08 Folter

Nur auf Grund seines Geständnisses konnte der Pole Kazimierz B. des unerlaubten Waffenbesitzes überführt und deswegen zu drei Jahren Straflager verurteilt werden.[100] Noch vor dem Krieg hatte er eine Schrotflinte erworben. Nach der Besetzung Polens durch die Wehrmacht gab er diese Waffe nicht ab, sondern er versteckte sie. Dazu höhlte er einen Balken seiner Scheune so weit aus, dass die Flinte hineinpasste, und nagelte ein Brett darüber. Dieses Versteck war so perfekt, dass es nach Feststellung des Gerichts nicht zu erkennen war.

Durch einen *„vertraulichen"*[101] Hinweis, also durch Denunziation, kam die Polizei dem Waffenbesitzer dennoch auf die Spur, hätte aber, ohne das Gewehr aufzufinden, nichts gegen ihn ausrichten können, wenn nicht Kazimierz B. nach anfänglichem Leugnen den Besitz der Waffe eingestanden hätte. Das verwundert, da B. mit schwerster Bestrafung rechnen musste und kaum voraussehen konnte, dass die Richter das Gewehr schließlich als *„zwar brauchbare, aber immerhin primitive Waffe"*[102] beurteilen und deshalb einen minderschweren Fall annehmen würden, der eine Todesstrafe nicht erforderte.

Das schriftliche Urteil enthält keinen Hinweis darauf, warum Kazimierz B. ein Geständnis ablegte, obwohl doch in seinem Fall durch ratsames Schweigen und Leugnen eine Bestrafung allem Anschein nach zu vermeiden war. Vielleicht war er dazu nicht klug genug. Von anderen Urteilen des Sondergerichts her ergibt sich allerdings ein Verdacht, der als Erklärung seines Verhaltens dienen könnte.

Zu nennen ist das schon erwähnte Verfahren gegen Regina M. Das Sondergericht stellte fest, die Angeklagte habe von ihrer Wohnung aus im Schwarzhandel Stoffe verkauft oder gegen Lebensmittel eingetauscht. In der Urteilsbegründung schrieben die Richter: *„Die Angeklagte hat das bei ihrer polizeilichen Vernehmung von sich aus auch zugegeben und zwar, wie nach der Aussage des Zeugen Blenn* [= Meister der Schutzpolizei – der Verf.] *feststeht, ohne jeden Zwang. Wenn sie bei ihrer richterlichen Vernehmung und jetzt in der Hauptverhandlung behauptet, dass ein Beamter mit dem Knüppel neben ihr gestanden hätte und sie deshalb die sie belastenden Angaben aus Angst vor Schlägen gemacht habe, so ist*

---

[100] Staatsarchiv Kalisz: Sondergericht Kalisz 1939 – 1944, Nr. 13.
[101] A.a.O.
[102] A.a.O.

das gelogen. Der Zeuge Blenn hat glaubhaft bekundet, dass auf die Ange-
klagte wegen ihres kränklichen Zustandes eine bei polnischen Beschul-
digten sonst im allgemeinen nicht übliche Rücksicht genommen und von
jedem irgendwie gearteten Zwang abgesehen worden ist."[103]

Die Aussage des Polizisten war freimütig und verräterisch: Von Zwang sei in unüblicher Rücksichtnahme abgesehen worden. Zwangsmaßnahmen, also Androhung von Folter oder Folter selbst, waren demnach bei der polizeilichen Vernehmung von Polen allgemein üblich. Das Sondergericht nahm dies zur Kenntnis und sogar in die Urteilsbegründung auf, jedoch nicht, um die offengelegte Folterpraxis zu beanstanden, sondern um zu bekräftigen, dass in diesem Fall solche Vernehmungsmethoden eben nicht angewandt wurden und daher das Urteil rechtlich korrekt sei. Der nahe liegenden Frage, ob es angesichts notorischer und ganz offen eingestandener polizeilicher Prügelmethoden beim Verhör von Angeklagten in diesem Fall vielleicht doch eine Drohung mit dem Knüppel gegeben habe und der rücksichtsvoll genannte Verzicht auf Zwang lediglich darin bestand, ein vorgezeigtes Folterwerkzeug nicht einzusetzen, gingen die Richter nicht weiter nach. Sie erklärte stattdessen den die Aussage des Polizeibeamten für glaubwürdig und den Vorwurf der Angeklagten, ihr sei Folter angedroht worden, kurzerhand für unwahr und verurteilte sie zu drei Jahren und sechs Monaten Straflager.

Auch Bronislaw K. widerrief vor Gericht sein bei der Vernehmung durch die Polizei abgelegtes Geständnis.[104] Er habe befürchtet, ebenso geschlagen zu werden wie ein anderer Häftling, der mit ihm zusammen in einer Zelle gesessen habe – der Mitgefangene R. Das Gericht hörte dazu einen Polizisten, der bestätigte, dass Bronisław K. seine Aussage *„völlig unbeeinflusst"* gemacht habe. *„Der Angeklagte"*, so das Gericht, *„behauptet im übrigen selbst nicht, dass er von den Gendarmeriebeamten geschlagen worden sei. Seine Behauptung, dass sein Mitgefangener R. geschlagen worden ist, ist nicht wahr."*[105] Der Mitgefangene R. wurde dazu nicht gehört. Den Bronisław K. verurteilte das Gericht wegen Schwarzschlachtens von sieben Schweinen zu sechs Jahren Straflager.

---

[103] Staatsarchiv Kalisz: Sondergericht Kalisz 1939 – 1944, Nr. 332.
[104] Staatsarchiv Kalisz: Sondergericht Kalisz 1939 -1944, Nr. 236.
[105] A.a.O.

Leon D. widerrief sein vor der Polizei abgelegtes Geständnis mit der Begründung, er sei bei der Vernehmung geschlagen worden. [106] Die dazu als Zeugen vernommenen Polizisten erklärten dem Gericht, dass der Angeklagte nach der Gegenüberstellung mit seinem Sohn auf die Knie gefallen wäre und händeringend gebeten hätte, nicht erschossen zu werden. Man habe ihn dann geschlagen, weil er trotz mehrfacher Aufforderung nicht aufgestanden sei. Sein Geständnis aber habe er „unbeeinflusst"[107] abgelegt. Selbst diese die Anwendung von körperlicher Gewalt immerhin einräumende Aussage der Polizisten veranlasste die Richter nicht zu erkennbaren Zweifeln an den Verhörmethoden der Polizei. Das Geständnis sei „vollkommen einwandfrei und ohne jede unzulässige Beeinflussung zustande gekommen"[108], schrieben sie in die Begründung ihres Urteils. Leon D. wurde wegen der Schwarzschlachtung von zwei Schweinen und zwei Kälbern zu drei Jahren Straflager verurteilt.

Selbst als das Sondergericht Folter bei einem polizeilichen Verhör als erwiesen betrachten musste, kassierte es das derart erpresste Geständnis nicht. „Der Angeklagte K[...] will überhaupt keine Hamsterfahrt unternommen und zu seinem Geständnis vor der Polizei durch Schläge gezwungen sein. Dass der Angeklagte bei seiner polizeilichen Vernehmung Schläge bekommen hat, ist richtig. Aber er hat vor der Polizei und vor dem Vernehmungsrichter übereinstimmend zugegeben, 4 mal nach Charlupia-Wilkie gefahren zu sein und Lebensmittel dort aufgekauft zu haben. Es ist kein Grund ersichtlich, dass der Angeklagte vor dem Vernehmungsrichter falsche Angaben gemacht haben könnte, zumal die Tatsache, dass er der Bruder der Kendzia ist und mit ihr im gleichen Hause wohnt, schon in erheblichem Maße dafür spricht, dass er ebenfalls wie die Kendzia auf Hamsterfahrt gegangen ist."[109] K. wurde wegen Hamsterfahrten zu zwei Jahren Straflager verurteilt.

Die Folterung des Angeklagten durch die Polizei beanstandete das Gericht also nicht und erkannte den Widerruf der Aussage nicht an, sondern behalf sich mit dem Hinweis auf die Wiederholung des Geständnisses vor dem Vernehmungsrichter. Dabei erwog es nicht, dass die vorausgegangene Foltererfahrung auch für diese Wiederholung maßgebend gewesen sein könnte. Außerdem zogen die Richter zu Ungunsten des Angeklagten

---

[106] Staatsarchiv Kalisz: Sondergericht Kalisz 1939 -1944, Nr. 80.
[107] A.a.O.
[108] A.a.O.
[109] Staatsarchiv Kalisz: Sondergericht Kalisz 1939 – 1944, Nr. 451.

und zur Begründung des Urteils in unzulässiger Weise und ohne Beweis-kraft Analogieschlüsse von der Schwester Kendzia auf den Bruder.

Die Angeklagte Antonia M. gab in demselben Verfahren ebenfalls an, gefoltert worden zu sein. Das Gericht nahm die Bestätigung dafür unum-wunden in die Urteilsbegründung auf: *„Sie ist auch, wie der Zeuge Ruppe bekundete, bei ihrer polizeilichen Vernehmung geschlagen worden.“*[110] Ruppe war Gendarmeriemeister. Auch in ihrem Fall zog das Gericht hilfsweise das Geständnis vor dem Vernehmungsrichter für den Schuld-spruch heran – ohne den geringsten Einwand gegen die Folterpraxis der Polizei. Antonia M. wurde wegen zehn Hamsterfahrten zu drei Jahren und sechs Monaten Straflager verurteilt.

Wenn Schläge gegen Polen beim Polizeiverhör in der Gerichtsver-handlung so wenig verschleiert, sondern mehr oder weniger offen darge-legt wurden, ist daran zu erkennen, dass sie zu einer gängigen Folterpra-xis gehörten, die gerichtlich unbeanstandet zur Erpressung von Geständ-nissen und letztlich als Mittel zur Unterdrückung der Polen diente. Das Sondergericht Kalisch legte lediglich Wert darauf, den – allerdings dürf-tigen und falschen – Anschein zu wahren, dass seine Urteile nicht auf solchen Geständnissen beruhten, die bei der polizeilichen Untersuchung durch Folter erpresst wurden.

Glasklar durchschaubar wird die Einstellung der Richter des Sonder-gerichts Kalisch zur Folter in dem Verfahren gegen den deutschen Bür-germeister der Kleinstadt Kempen, wie das polnische Kępno zur Zeit der deutschen Besetzung hieß. Nach ihren Feststellungen trieb 1942 ein Se-rieneinbrecher in Kempen sein beunruhigendes Unwesen. Bürgermeister Hans K. war kraft Amtes zugleich der oberste Polizeichef der Stadt. In der NSDAP war er Ortsgruppenleiter von Kempen. In diesen Funktionen geriet K. unter öffentlichen Druck, die Diebstähle möglichst bald aufzu-klären und den Täter zu fassen. Als Polizisten den Deutschen Alfred P. als Verdächtigen festnahmen und man ihn anscheinend seiner Sprechwei-se wegen für einen Polen hielt, wurde alles darangesetzt, ihn der Tat zu überführen und zu einem Geständnis zu bewegen. Bürgermeister K. gab die Anweisung, beim Verhör auch den Gummiknüppel einzusetzen. Der Festgenommene wurde schwer misshandelt und erlitt erhebliche Körper-verletzungen. Der Bürgermeister selbst ohrfeigte ihn zweimal und drohte ihm mit Erschießung, wenn er nicht gestehe.

---

[110] A.a.O.

Der Erfolg blieb nicht aus: Ein Geständnis wurde erpresst und erprügelt. Vor Gericht erwies sich jedoch zweifelsfrei die Unschuld des vermeintlichen Täters, außerdem sein Status als Deutscher. Nun wurden Verfahren gegen die beteiligten Kriminalbeamten und gegen den ihnen vorgesetzten Bürgermeister wegen Körperverletzung im Amt eingeleitet. Das Sondergericht Kalisch kam im Prozess gegen Hans K. zu folgendem Schluss: *„Die Tat des Angeklagten wiegt schwer. Er hat einen deutschen Kriegsteilnehmer auf das schwerste misshandeln lassen, um von ihm ein Geständnis zu erpressen, wenn ihm auch vielleicht nicht bekannt war, dass P[...] wegen einer Dienstbeschädigung aus dem Wehrdienst entlassen war. Ein derartiges Untersuchungsverfahren kann in keiner Weise entschuldigt werden. Sicherlich muss gegen polnische Rechtsbrecher angesichts ihrer Verlogenheit unter Umständen zur körperlichen Züchtigung geschritten werden. Die gegen diese angebrachten Methoden dürfen aber keinesfalls, und noch dazu in stärkstem Maße, auf eigene Volksgenossen angewendet werden."*[111]

Diese Urteilsbegründung lässt sich als Erklärung des Sondergerichts Kalisch lesen, es billige die Folterung von Polen. Indem die Richter die körperliche Züchtigung deutscher „Volksgenossen" bei polizeilichen Vernehmungen scharf verurteilten, sie bei Polen aber wegen deren angeblich geringerer menschlichen Qualität, nämlich ihrer Verlogenheit, unter Umständen als angebrachte Verhörmethode ansahen, drückten sie zugleich eine rassistische Einstellung und damit ein nationalsozialistisch geprägtes Rechtsbewusstsein aus. – Das Urteil für den Bürgermeister lautete übrigens auf ein Jahr und sechs Monate Zuchthaus. Zu seinem Unglück hatte er bei seiner Vernehmungspraxis nicht hinreichend zwischen Deutschen und Polen unterschieden.

04.09 Strafmildernde und strafverschärfende Urteilsgründe

Wenn dem Sondergericht ein Angeklagter des Gesetzesverstoßes überführt erschien, folgten jeweils Überlegungen zum individuellen Maß der Schuld. Dabei wurden die Umstände des Vergehens ebenso einbezogen wie die Kenntnis, die sich das Gericht über die Person des Täters oder der Täterin verschaffte. Daraus ergaben sich strafmildernde und strafverschärfende Gründe, die bei der Festsetzung des Strafmaßes herangezogen wurden.

---

[111] Staatsarchiv Kalisz: Sondergericht Kalisz 1939 – 1944, Nr. 203.

Von entscheidender Bedeutung war die Feststellung, ob jemand Deutscher oder Pole war. Sie entschied über Gefängnis bzw. Zuchthaus oder Lagerhaft als Art der Strafe. Wie deutlich sich die Richter der Unterschiede dieser Haftformen bewusst waren, zeigt der Fall des Kaufmanns Stanislaus D. Er hatte der Urteilsbegründung zufolge als Leiter der Bata-Schuhfiliale in Ostrowo etwa 300 Paar Schuhe an Kunden ohne Bezugsberechtigungsschein und zum Teil auch zu überhöhten Preisen verkauft. Zum Zeitpunkt seiner Verurteilung durch das Sondergericht Kalisch am 19.11.1941, also noch vor Inkrafttreten der Polenstrafrechtsverordnung, war er als Pole angesehen und wurde zu vier Jahren Zuchthaus verurteilt. Verbüßen musste er die Strafe, so die Feststellung des Gerichts, aber „*in der schweren Form des Straflagers für Polen*"[112], dies allerdings nur neun Monate lang. Am 2.8.1942 wurde er nämlich in die Deutsche Volksliste aufgenommen und galt als Deutscher. Nun konnte er auf Grund einer extra für solche Fälle geschaffenen Regelung einen Antag auf Wiederaufnahme seines Verfahrens stellen. Dem folgte der Oberstaatsanwalt in Kalisch mit dem Ziel, das Strafmaß neu festsetzen zu lassen. Das Sondergericht entschied im Wiederaufnahmeverfahren auf drei Jahre und sechs Monate Gefängnis. Es berücksichtigte bei dieser Änderung des Urteils nicht nur die einem Deutschen zukommende Art der Haft – Gefängnis und nicht Straflager –, sondern es verkürzte die Gesamtstrafe zusätzlich um sechs Monate als Ausgleich für die bis dahin erlittene schwerere Lagerhaft. In seiner Eigenschaft als deutscher Staatsbürger kam Stanislaus D. vor dem Sondergericht Kalisch also wesentlich günstiger davon denn als Pole.

Aber auch andere Gründe hatten Einfluss auf das Maß der Strafe. Władysława T., 22 Jahre alt, wurde wegen einer deutschfeindlichen Äußerung zu sechs Monaten Straflager verurteilt.[113] In einem Brief an ihre Schwester in Deutschland, die als polnische Zwangsarbeiterin in einer Porzellanfabrik arbeiten musste, hatte sie nach ihrer Freundin Hela gefragt, die ebenfalls nach Deutschland deportiert worden war. Der Brief wurde von der Zensur abgefangen und übersetzt: „*Schreibt Hela an Dich, weil an mich hat sie schon lange nicht geschrieben und ich weiß nicht, was ich dafür meinen soll, entweder hat sie nichts zu schreiben oder wartet genau wie wir einer Erlösung weil uns schon Worte für alles feh-*

---

[112] Staatsarchiv Kalisch: Sondergericht Kalisz 1939 – 1944, Nr. 78.
[113] Staatsarchiv Kalisch: Sondergericht Kalisz 1939 – 1944, Nr. 538.

len. "[114] Władysława T. wurde dieses Satzes wegen festgenommen und dem Sondergericht aus der Untersuchungshaft vorgeführt. Sie erklärte, *„dass sie ihrer Sehnsucht nach baldigem Frieden habe Ausdruck geben wollen und in dem Kriegsende die erwartete Erlösung gesehen habe "[115]*. Doch die Richter deuteten den inkriminierten Satz anders: *„Wenn die Angeklagte wirklich ihrer Sehnsucht nach Frieden Ausdruck hätte geben wollen, dann hätte sie das deutlich geschrieben. Es ist auch nicht einzusehen, warum sie dann eine solche harmlose Erklärung nicht sofort auch bei ihrer ersten Vernehmung bei der Polizei als geradezu selbstverständliche Verteidigung vorgebracht hätte. Es kann demnach keinem Zweifel unterliegen, dass die Angeklagte nur gemeint hat, dass sie sich nach der baldigen Erlösung von der deutschen Herrschaft sehne und eine Änderung der hiesigen Verhältnisse zu Gunsten des Polentums erwarte. Sie hat die Hoffnung eines Teiles der polnischen Bevölkerung auf einen Umsturz zum Ausdruck bringen wollen. "[116]*

Das Gericht verstand den Satz in dem Brief also als deutschfeindliche Äußerung, die mit Straflager geahndet werden musste. Bei der Strafzumessung berücksichtigte es aber auch einiges zu Gunsten der Angeklagten – *„neben ihrer bisherigen Straflosigkeit ihre Jugend. Die Äusserung ist auch im übrigen nicht nach aussen gedrungen und nicht besonders schwer. Die Angeklagte mag sich auch der Tragweite und Folgen ihrer Äußerung nicht recht bewusst gewesen sein."[117]*.

Abgesehen von diesen Milderungsgründen sollte die Angeklagte dennoch *„eine Strafe treffen, die ihr zum Bewusstsein bringt, dass sie sich vor allen abträglichen Äußerungen über das Deutschtum zu hüten hat. Eine Strafe von 6 Monaten Straflager war daher ausreichend, aber auch erforderlich."[118]*

Der 21 Jahre alte Pole Jan O. hatte nach Auffassung des Gerichts von Juli 1942 bis März 1943 nach und nach mindestens 19 ungesicherte und unbeaufsichtigte Fahrräder, einen Dynamo und mit den Fahrrädern drei darauf festgeklemmte Aktentaschen gestohlen.[119] Die Fahrräder demontierte er und verkaufte die Teile oder tauschte sie gegen Lebensmittel,

---

[114] A.a.O.
[115] A.a.O.
[116] A.a.O.
[117] A.a.O.
[118] A.a.O.
[119] Staatsarchiv Kalisz: Sondergericht Kalisz 1939 – 1944, Nr. 367.

einmal gegen eine Herrenarmbanduhr ein. Das Gericht wertete diese Diebstähle als eine einzige Tat, als fortgesetzte Handlung also, die auf einem einmal gefassten Vorsatz beruhte, und schloss auf diese Weise aus, Jan O. wegen einer Vielzahl von Straftaten als gefährlichen Gewohnheitsverbrecher zu charakterisieren. Gefährliche Gewohnheitsverbrecher waren mit dem Tode zu bestrafen. Diese im Rahmen des richterlichen Entscheidungsspielraums getroffene, für den Angeklagten günstige Beurteilung allein hätte den Jan O. allerdings noch nicht vor der Todesstrafe bewahrt: *„Der Angeklagte ist jedoch ein Fahrradmarder und es wäre hier dennoch die schwerste Strafe in Frage gekommen, wenn ihm nicht noch weitere Milderungsgründe zur Seite ständen."*[120] Die Richter berücksichtigten seine Jugend und seine bisherige straflose Führung. Sie bezogen die Abwesenheit seines Vaters ein, der sich *„als Arbeiter im Altreich"*[121] aufhielt, also als Zwangsarbeiter in Deutschland, und erklärten damit das Fehlen der *„noch erforderliche[n] Erziehung und strenge[n] Haltung"*[122]. Die Richter bezogen außerdem die Verführung durch schlechte Kameraden und die vorhandene Reue bei der Urteilsfestsetzung ein: *„Deshalb hat das Gericht von der Verhängung der schwersten Strafe abgesehen. Eine längere Freiheitsstrafe musste den Angeklagten allerdings treffen."*[123] Jan O. wurde zu sechs Jahren Straflager verurteilt.

In anderen Verfahren ließ das Sondergericht Kalisz noch weitere Milderungsgründe zu Gunsten der Angeklagten gelten. Volksdeutschen wurde geringere Bildung und daher fehlende Einsicht in die Erfordernisse der Kriegszeit mildernd angerechnet.[124] Frauen wurde eine naturgegeben geringere Widerstandskraft gegen die Versuchung, Gesetze zu umgehen, zugeschrieben und nachgesehen.[125] Das galt für deutsche wie für polnische Frauen gleichermaßen. Kriegsdienst auf deutscher Seite im Ersten Weltkrieg und Mitgliedschaft in Freikorps, z. B. im Freikorps Lettow-Vorbeck[126], wurden positiv bewertet.

---

[120] A.a.O.
[121] A.a.O.
[122] A.a.O.
[123] A.a.O.
[124] Z. B. Staatsarchiv Kalisz: Sondergericht Kalisz 1939 – 1944, Nr. 318.
[125] Z. B. Staatsarchiv Kalisz: Sondergericht Kalisz 1939 – 1944, Nr. 276.
[126] Z. B. Staatsarchiv Kalisz: Sondergericht Kalisz 1939 – 1944, Nr. 196.
Paul von Lettow-Vorbeck: Nach einem Kriegseinsatz von 1914-1918 in Deutsch-Ostafrika schlug er 1919 als Kommandeur des Freikorps „Lettow" in Hamburg den Kommunistenaufstand nieder.

Eine finanzielle Notlage als Tatmotiv wurde im Prozess gegen die Volksdeutsche Władysława W. berücksichtigt. Sie hatte ein Pferd auf Kredit gekauft, Geld für die Rückzahlung benötigt und dafür den Erlös eines von vier schwarz geschlachteten Schweinen verwendet. Das brachte ihr drei Jahre Gefängnis ein.[127] Polen allerdings, deren Bauernhof oder Geschäft enteignet worden war und die damit ihrer wirtschaftlichen Lebensgrundlage beraubt waren, wurde deswegen nichts mildernd nachgesehen – wenn sie zum Beispiel ihren Unterhalt nunmehr durch Schwarzhandel oder ebenfalls Schwarzschlachten zu verdienen oder aufzubessern versuchten.[128]

Einen ganz wichtigen Milderungsgrund sah das Gericht in einer von ihm festgestellten Nähe zum Deutschtum – wie bei dem Landwirt Valentin K, der unerlaubt ein Schwein geschlachtet hatte.[129] K. hatte sich zwar vergeblich um die Aufnahme in die Deutsche Volksliste bemüht, weil er den Nachweis einer Deutschstämmigkeit nicht erbringen konnte, doch hielt ihm das Gericht bei der Zumessung von acht Monaten Straflager zugute, *„dass er und seine Familienmitglieder weitgehende Bindungen zum Deutschtum haben. Einer seiner Söhne ist als deutscher Soldat bereits verwundet worden, einer seiner Schwiegersöhne steht ebenfalls im deutschen Heer. Der Angeklagte ist auch selbst deutscher Soldat gewesen* [Valentin K. hatte von 1896 bis 1898 in Berlin beim 4. Garderegiment gedient] *und hat sich im Leben nichts zuschulden kommen lassen.“*[130]

Umgekehrt konnten Deutsche, die gute Beziehungen zu Polen unterhielten, nicht auf Verständnis der Richter rechnen. So der Schneider und Mützenmacher Adam S. Sein vor Gericht verhandeltes Vergehen war, drei Schweine schwarz geschlachtet zu haben. Bei der Festsetzung seiner Strafe spielte aber auch der Eindruck eine Rolle, den das Gericht von seiner Persönlichkeit gewonnen hatte. Übel kreidete es ihm an, dass er trotz aller öffentlichen Aufklärung seine Beziehung zu einer Polin aufrechterhalten hätte, sich demnach nicht zum Deutschtum hingezogen fühlte und völkische Belange außer Acht ließe. Adam S. wurde nach der Kriegswirtschaftsverordnung zu sechs Jahren Zuchthaus verurteilt, obwohl auch er nicht vorbestraft war.[131]

---

[127] Z. B. Staatsarchiv Kalisz: Sondergericht Kalisz 1939 – 1944, Nr. 552.
[128] Z. B. Staatsarchiv Kalisz: Sondergericht kalisz 1939 – 1944, Nr. 43.
[129] Staatsarchiv Kalisz: Sondergericht Kalisz 1939 – 1944, Nr. 240.
[130] A.a.O.
[131] Staatsarchiv Kalisz: Sondergericht Kalisz 1939 – 1944, Nr. 461.

Weitere Gründe zu härterer Ahndung eines Vergehens sah das Gericht in einem allgemein schlechten Ruf der Angeklagten, in Vorstrafen und dem Leugnen der Tat und der Art der Tatbeteiligung, wie der folgende Fall zeigt:

Josef K. war im April 1943 in den Gemeindearrest von Braszewice eingeliefert worden, weil der Gendarmeriemeister Menk ihn als Asozialen nach Litzmannstadt (Łódź) schaffen wollte.[132] Konkret lag allerdings gegen Josef K. nichts vor. Zwischen 1930 und 1935 war er sechsmal wegen Diebstahls und Hehlerei verurteilt worden. Nun stand er in dem Verdacht, mit Getreide zu schieben und Schnaps schwarz zu brennen. Nachzuweisen war ihm zwar nichts, doch fiel er dadurch auf, dass er immer über Geld verfügte, obwohl er keiner geregelten Arbeit nachging.

In der Nachbarzelle des Gemeindearrests saß Andreas B. ein. Zwischen beiden Zellen gab es eine Öffnung, in der ein Ofen stand. Josef K. wusste sich mit Hilfe der Frau von Andreas B. Werkzeug zu verschaffen und baute gemeinsam mit seinem Mitgefangenen nachts den Ofen ab. Dann kroch Josef K. zu seinem Nachbarn in die Zelle. Zusammen versuchten sie nun, die Zellentür aufzubrechen. Das aber wurde zufällig bemerkt und verhindert. Der angerichtete Sachschaden belief sich auf 100 Reichsmark und wurde von dem Geld beglichen, das K. bei seiner Festnahme bei sich gehabt hatte.

Josef K. bestritt vor Gericht seine Vorstrafen und wurde deshalb als *„besonders unverschämter Lügner"* erkannt. Mit Rücksicht darauf, dass er nach Auffassung des Gerichts ein Mensch war, der *„stark zum Verbrechen neigt"* und auch, weil er als *„geistiger Urheber"* [133] des Ausbruchsversuchs angesehen wurde, lautete das Urteil auf vier Jahre Straflager. – Wesentlich günstiger kam Andreas B. davon: *„Der Angeklagte B., der keinen schlechten Eindruck macht und offenbar seine Tat bereut, konnte milder beurteilt werden. Er ist auch noch nicht vorbestraft und er mag von K. veranlasst worden sein, sich an dem Ausbruch zu beteiligen. Bei ihm genügt eine Strafe von einem Jahr Straflager."* [134]

Noch ein ganz anderer Gesichtspunkt hatte in vielen Fällen großen Einfluss auf die Höhe der Strafe, nämlich die von den Richtern für erforderlich erachtete abschreckende Wirkung des Urteils. Als ein Beispiel

---

[132] Staatsarchiv Kalisz: Sondergericht Kalisz 1939 – 1944, Nr. 229.
[133] A.a.O.
[134] A.a.O.

von vielen sei hier die Verurteilung von Marie M. dargestellt[135]: Mehrere Hitlerjungen waren im Rahmen einer Sammelaktion beauftragt worden, bei dem Kastanienbaum auf dem Hof der Angeklagten Kastanien aufzulesen, ohne dass die Polin um Erlaubnis gefragt worden war. Die zwölf- bis dreizehnjährigen Jungen, die – so das Gericht – in Dienstuniform einer *„vaterländischen Pflicht"* nachkamen, kletterten bei ihrer Sammelaktion auch in den Baum und betraten das bereits schadhafte, mit Stroh gedeckte Dach des Schuppens. Die Angeklagte wies die Hitlerjungen von ihrem Hof, vergebens, denn diese beharrten auf der Erfüllung ihres Auftrages. Zusammen mit ihrem Sohn versuchte die Angeklagte nun, die Jungen zu vertreiben. Es kam zu einer kleinen Schlacht mit einem Zweig und einer Peitsche auf polnischer Seite und Kastanien als Wurfgeschossen und einem drohend erhobenen, faustgroßen Stein auf deutscher Seite. Zudem rief Marie M. in ihrer Erregung den Jungen in deutscher Sprache zu: *„Ihr werdet nicht mehr das 15. Lebensjahr vollenden, dann kommt für Euch alle eine Stunde!"[136]* Dass, wie sich denken lässt, die Jungen möglicherweise ihrerseits auch nicht maulfaul waren, beschreibt der Urteilstext nicht. Das Gericht hielt der Angeklagten vor, eine freche Äußerung gemacht zu haben, die eine schwere Drohung bedeutete und sie als arge Feindin des Deutschtums kennzeichnete. *„Es muss sie deswegen eine harte Strafe treffen. Diese Strafe muss auch deswegen empfindlich sein, um allgemein die Polen von ähnlichen Frechheiten gegenüber dem deutschen Jungvolk, das für seine auch noch künftigen Sammlungen besonderen Schutz bedarf, abzuschrecken. Nur der Umstand, dass sie eine Frau und schon älter ist sowie ihre bisherige straffreie Führung lassen ihre Taten in etwas milderem Lichte erscheinen."[137]* Das Urteil lautete auf zwei Jahre und sechs Monate Straflager.

Um die abschreckende Wirkung eines Urteils zu erhöhen, bediente sich das Gericht in einem Fall auch der öffentlichen Bekanntmachung auf Kosten der Angeklagten an den Gemeindetafeln des Kreises Ostrowo. Es gab aber auch einen umgekehrten Fall, in dem das Gericht zu dem Schluss kam, es könne ein Vergehen als minderschwerer Fall behandelt werden, da es selten vorkäme – und daher in diesem Fall dem Gericht Abschreckung durch Härte des Urteils weniger erforderlich erschien. Weil die Nichtbefolgung des Gestellungsbefehls bei Volksdeutschen

---

[135] Staatsarchiv Kalisz: Sondergericht Kalisz 1939 – 1944, Nr. 317.
[136] A.a.O.
[137] A.a.O.

selten vorkäme, wurde statt einer nach Auffassung des Sondergerichts an sich verwirkten Zuchthausstrafe eine Gefängnisstrafe verhängt.[138]

Neben der pauschalen Einordnung der Angeklagten als Deutsche oder Polen und der Anwendung unterschiedlichen Rechts auf diese beiden Angeklagtengruppen beurteilte also das Sondergericht Kalisch jeden Fall durchaus nach seiner Besonderheit, so, wie es die verstand. In den Urteilstexten drückt sich somit das Selbstverständnis eines Gerichts aus, welches das Strafmaß abwägend bedachte und unter Einbeziehung strafmildernder und strafverschärfender Gesichtspunkte auf den jeweiligen Fall zuschnitt. Es ist das Selbstbild eines um gerechte Anwendung der Gesetze, eines um Gerechtigkeit bemühten Gerichts. Eine Einsicht, wie sehr es dennoch Gerechtigkeit verfehlte, indem es zum Beispiel unterschiedliches Recht auf Deutsche und Polen anwandte, indem es Urteile fällte, die nicht nur der Ahndung einer Straftat, sondern auch dem Terrorbedarf der deutschen Eroberer entsprach und indem es bei seinem Abwägen der Schuld die Rollenverteilung zwischen Deutschen und Polen als Herren und Knechten gemäß der NS-Staatsdoktrin zum Maßstab nahm, eine solche Einsicht ist in den Urteilstexten dagegen nicht einmal andeutungsweise zu bemerken. Sie enthalten nicht den geringsten Selbstzweifel, kein Gespür für den Unrechtscharakter einer nationalsozialistisch ideologisierten Rechtsprechung.

04.10 Verfahrensgruppen

Die Darstellung der Urteile des Sondergerichts Kalisch, geordnet nach Fallgruppen, lässt erkennen, in welchem bedeutenden Umfang dieses Strafgericht für Gesetzesverstöße im alltäglichen Leben der Bevölkerung zuständig war und wie es zur Absicherung der Herrschaft des „Dritten Reiches" mit juristischen Mitteln diente.

04.10.01 Vergehen gegen das Heimtückegesetz und
     deutschfeindliche Äußerungen

Josef G. war Deutscher – mit polnischen Großeltern.[139] Er stammte aus Wanne-Eickel und hatte dort als Bergmann gearbeitet. Nach einem Betriebsunfall wurde er einer Behinderung wegen entlassen und erhielt

---

[138] Siehe dazu Seite 94 f.
[139] Staatsarchiv Kalisz: Sondergericht Kalisz 1939 – 1944, Nr. 118.

eine kleine Rente. Die Musterungskommission stufte ihn als *„garnisons-verwendungsfähig Heimat"[140]* ein. Eingezogen wurde er nicht. Er war als Briefträger bei der Reichspost beschäftigt und wurde 1942 beim Reichsluftschutzbund im Warthegau angestellt. Dort wohnte er bei seiner polnischen Tante.

An seiner Arbeitsstelle wurden häufig politische Gespräche geführt. Josef G. beteiligte sich daran, ohne seine wenig zeitgemäßen Ansichten zu verbergen. Nach Feststellung des Gerichts nannte er die Enteignung von Polen, darunter sein Onkel, ein Unrecht. Amerika bezeichnete er als ein Land, in dem das Volk noch frei sei, so wie in Deutschland zur Zeit der Arbeitslosigkeit, also während der Weltwirtschaftskrise vor der Herrschaft der Nationalsozialisten. Er sei froh, frontuntauglich zu sein und nicht so dumm, sich an der Front die Knochen kaputt schießen zu lassen. Auch zweifelte er einen Wehrmachtsbericht an, dem zufolge sich nach der gescheiterten Invasion bei Dieppe kein Engländer mehr dort befinde. Er stellte in Frage, dass Deutschland den Krieg gewinnen könne, und behauptete, auch heute säßen Juden in der Regierung – wie während des Ersten Weltkrieges.

Das Sondergericht stellte von daher eine negative Einstellung des Angeklagten *„zum heutigen Staat"* fest, die *„keinesfalls um sich greifen darf, wenn nicht der Sieg und Widerstandswille des deutschen Volkes schwere Schädigung erfahren soll"[141]*. Es bezeichnete Josef G. als Feigling wegen seiner Freude über seine Frontuntauglichkeit und tadelte seine polenfreundliche Haltung. *„Schwerwiegend ist seine Behauptung, dass es den deutschen Menschen in der Arbeitslosenzeit besser als im nationalsozialistischen Staat ergangen sei und der Umstand, dass er als Deutscher Amerika, mit dem wir uns im Krieg befinden, als Muster hinstellt. Mit seiner Äußerung, dass bei dem Invasionsversuch bei Dieppe doch wohl noch Engländer zurückgeblieben seien, zieht er die Richtigkeit der Wehrmachtsberichte in Zweifel, deren Zuverlässigkeit bekannt ist. Schliesslich scheut er sich auch nicht, an dem deutschen Siege zu zweifeln und die deutsche Regierung zu verunglimpfen, von der er behauptet, dass Juden ihr angehörten."[142]*

Die eigene Meinung zu äußern, Irrtümer eingeschlossen, Zweifel am

---

[140] A.a.O.
[141] A.a.O.
[142] A.a.O.

Handeln der Obrigkeit und an der Vertrauenswürdigkeit der Wehrmachtsberichte zu bekunden, den „Endsieg" in Frage zu stellen, dem Kriegsgegner Amerika Sympathien entgegenzubringen und das Unrecht an den Polen zu benennen, wertete das Gericht als „*hetzerisch*", „*gehässig*" und „*böswillig*"[143], somit im Sinne des Heimtückegesetzes strafwürdig. Meinungsfreiheit ließ es nicht zu. Mit einer Gefängnisstrafe von einem Jahr und sechs Monaten hatte der Angeklagte zu büßen. Das Gericht aber hatte gegen ein wesentliches Menschenrecht verstoßen.

Angeblichen Versuchen, die „*moralische Widerstandskraft der Volksgenossen*"[144] zu zersetzen, stemmte sich das Gericht in weiteren Verfahren strafend entgegen, mit dem Ziel, dass die Angeklagten „*die Lehre aus ihrem unverantwortlichen Verhalten*" ziehen sollten „*und andere abgeschreckt werden, sich in ähnlicher Weise zu vergehen*"[145]. Deshalb wurde auch Olga H. wegen einer einmaligen Äußerung zu einem Jahr Gefängnis verurteilt. Sie hatte nach Ansicht des Sondergerichts am 3. Februar 1943 auf der Straße zu dem verwundeten Obergefreiten Ahsmuth gesagt: „*Sind Sie wieder kampfbereit? Ist nicht mehr nötig, ist doch alles verloren. Wenn Sie wüssten, wie es in Russland aussieht und hergeht! Es ist traurig, wie unsere Soldaten in den Tod getrieben werden. Es liegt doch an der Führung, dass wir jetzt solche Schlappen kriegen, die Generäle sollten sich schämen, die Soldaten so in den Tod zu treiben!*"[146] Der Obergefreite schrieb diese Äußerungen der Olga H. zu Hause sofort nieder und zeigte diese am nächsten Tag bei der Gestapo an. Das Gericht billigte der Angeklagten als Milderungsgründe zu, dass sie bisher nicht durch abfällige politische Äußerungen aufgefallen war und dass sie „*als Frau durch den unmittelbar bevorstehenden Fall von Stalingrad*[147] *seelisch stark belastet gewesen sein mag*"[148].

Henny R. dagegen hatte sich nicht nur einmal, sondern in der Zeit von Sommer 1942 bis Februar 1943 als Angestellte bei der Stadtverwaltung Ostrowo wiederholt durch angeblich „*gehässige und von niedriger Gesinnung zeugende Äußerungen über führende Persönlichkeiten des Rei-*

---

[143] A.a.O.

[144] Staatsarchiv Kalisz: Sondergericht Kalisz 1939 – 1944, Nr. 796.

[145] A.a.O.

[146] Staatsarchiv Kalisz: Sondergericht Kalisz 1939 – 1944, Nr. 613.

[147] Die 6. Armee hatte bereits am 31.1./2.2.1943 in Stalingrad kapituliert, also vor der inkriminierten Äußerung von Olga P.

[148] A.a.O.

ches und über die Kriegslage"[149] eines Vergehens gegen das Heimtückegesetz schuldig gemacht – vor allem in dem Sinne, Deutschland könne
den Krieg nicht gewinnen und es sei unverständlich, wenn jemand in
dieser Zeit noch Kinder in die Welt setze, da sie ja doch nur aufgezogen
würden, *„um später, wie jetzt im Kriege, erschossen zu werden"* und
*„der Führer, Göring und Goebbels seien ihr unangenehm, der Einzigste
von den Dreien sei Göring, der sei wenigstens noch etwas menschlicher,
Goebbels sei der größte Schweinehund, den sie kenne"*[150]. Henny R. erhielt drei Jahren Gefängnis.

Zu genau dieser Haftdauer im Straflager wurde auch der Pole Peter K.
verurteilt. Er hatte laut Urteilsbegründung im Dezember 1942 in trunke-
nem Zustand den volksdeutschen Landwirt Zahn in seiner Wohnung aufgesucht und dort geäußert: *„Ihr schämt Euch der polnischen Sprache, sie
kommt bestimmt in zwei Monaten wieder zurück. [...] Ihr habt schon zur
Genüge polnisches Blut getrunken. [...] Ich werde jetzt gehen, aber ich
werde mir das Haus merken."*[151] Die Richter bewerteten das Verhalten
von Peter K. so: *„Er ist [...] als Pole unaufgefordert und ohne ersichtli-
chen Grund zu dem Volksdeutschen Zahn in die Wohnung gekommen und
hat seine deutschfeindliche Einstellung in recht übler Weise in dem un-
missverständlichen Sinne, dass die Deutschen nicht mehr lange hier sein
werden und dass Polen wieder aufersteht, zum Ausdruck gebracht. Besonders verdacht werden muss ihm seine Bemerkung beim Verlassen der
Wohnung, die nichts weiter als eine unverschämte Drohung ist. Nach
alledem musste ihn eine empfindliche Strafe treffen."*[152]

Bei Czesława B. konnte das Gericht einen aktuellen Anlass für ihre
Äußerungen erkennen und sogar ein gewisses Verständnis dafür aufbrin-
gen.[153] Der Beweiserhebung zufolge hatte Czesława B. im Herbst 1941
auf einem Morgen Pachtland Roggen ausgesät. Dieser Acker wurde am
24. Juni 1942, also nicht sehr lange vor der Erntezeit, dem Volksdeutschen Jantz zugesprochen. Als am nächsten Tag Czesława B. die Mutter
von Jantz und später auch ihn selbst auf der Straße traf, soll sie sich zu
unbedachten Äußerungen habe hinreißen lassen. *„Ihr habt mir mein Land
weggenommen und damit mein letztes Stück Brot"*, sagte sie demnach.

---

[149] Staatsarchiv Kalisz: Sondergericht Kalisz 1939 – 1944, Nr. 796.
[150] A.a.O.
[151] Staatsarchiv Kalisz: Sondergericht Kalisz 1939 – 1944, Nr. 182.
[152] A.a.O.
[153] Staatsarchiv Kalisz: Sondergericht Kalisz 1939 – 1944, Nr. 26.

Vergeblich versuchte Janz ihr zu erklären, dass nicht er, sondern der SS-Arbeitsstab[154] die Entscheidung getroffen hätte, und dass der Acker einem anderen Deutschen zugeteilt worden wäre, wenn er ihn nicht angenommen hätte. Damit konnte er Czesława B. jedoch nicht beruhigen. Wütend soll sie ausgerufen haben: *„Das Korn von meinem Acker soll Dir zu Stein im Munde werden!"* Sie fragte demnach: *„Wirst Du im Herbst noch hier sein?"* Und sie schimpfte angeblich: *„Ich habe Dich im Arsch. Da kommt ein Krüppel aus dem Osten und nimmt mir das Land weg!"*[155]

Jantz zeigte sie an. Zwar bestritt Czesława B. vor Gericht, diese Äußerungen getan zu haben, aber die Richter sahen sie *„auf Grund der eidlichen Bekundung des Zeugen Ferdinand Jantz, an dessen Angaben zu zweifeln nicht der geringste Anlass besteht"*[156], als der Tat überführt an. Das Gericht hielt, in dem Deutschen Jantz personifiziert, letztlich das deutsche Volk für beschimpft: *„Die Äußerungen der Angeklagten sind deutschfeindlich. Ihre Worte ‚Das Korn von meinem Acker soll Dir zu Stein im Munde werden' sind nämlich nicht nur eine üble und gehässige Verwünschung, sondern es verbirgt sich auch darin ihr Wunsch, dass der Zeuge, gerade weil er Deutscher ist, mit dem Land kein Glück haben möge. Mit ihren Worten: ‚Wirst Du im Herbst noch hier sein', gibt sie ihrer wie unzufriedener Polen Hoffnung Ausdruck, dass die Deutschen überhaupt aus dem hiesigen Gebiet verschwinden und bald ein Umsturz stattfinden möge. Ihre Äußerung ‚Ich habe Dich im Arsch' ist eine grobe Beschimpfung und Beleidigung. Besonders frech und unverschämt sind aber die Worte über die Kriegsverletzung des Zeugen Jantz, mit denen sie diesen und damit zugleich auch das gesamte Deutschtum gröblichst beschimpft."*[157] Um der Angeklagten zum Bewusstsein zu bringen, *„dass sie sich vor allen abträglichen Äußerungen über das Deutschtum, insbesondere aber vor Beschimpfungen deutscher Kriegsversehrter zu hüten hat"*[158], verurteilte das Gericht sie zu zwei Jahren Straflager.

Besonders verbale Angriffe auf den „Führer" ahndete das Sondergericht streng. Der Pole Josef O. hatte nach Überzeugung der Richter zu dem Volksdeutschen Ulfig gesagt: *„Wenn ich den Führer möchte be-*

---

[154] Für die Organisation der Enteignung von polnischen und jüdischen Betrieben und ihre Übergabe an Volksdeutsche waren SS-Ansiedlungs- und Arbeitsstäbe gebildet worden.
[155] A.a.O.
[156] A.a.O.
[157] A.a.O.
[158] A.a.O.

kommen, dann möchte ich ihn ...!" Dabei, so die Urteilsbegründung, hob er den rechten Arm und *„drückte mehrmals die rechte Hand zur Faust zusammen, als wollte er etwas zerdrücken."*[159] Unter anderem war es diese angeblich unverschämte und unflätige deutschfeindliche Äußerung, die das Gericht dem Angeklagten anlastete. *„Wenn auch in der Regel von Polen eine deutschfreundliche Haltung nicht erwartet werden kann, so muss doch von ihnen verlangt werden, dass sie ihre Zunge hüten, vor allem aber vor der Person des Führers halt machen."*[160] Das Gericht war sich demnach durchaus dessen bewusst, wie sehr die Polen unter der deutschen Herrschaft zu leiden hatten. Aber die Richter erwarteten, dass die Opfer der deutschen Besatzungsmacht die Unterdrückung stillschweigend ertrügen. Drei Jahre Straflager sollten deshalb dem Angeklagten klarmachen, *„dass er verwerflich gehandelt hat und sich künftig umstellen muss."*[161]

In vier untersuchten Verfahren wegen Verstößen gegen das Heimtückegesetz verhängte das Sondergericht im Durchschnitt ein Jahr und zehn Monate Gefängnis gegen die deutschen Angeklagten. Äußerungsdelikte von Polen wurden nicht als Heimtücke, sondern nach der Polenstrafrechtsverordnung als deutschfeindliche Äußerungen bestraft. Es ist nahe liegend zu erwarten, das Sondergericht wäre mit noch größerer Härte gegen verbal aufmüpfige Polen vorgegangen als gegen regimekritische Deutsche. Dem war aber nicht so, sieht man einmal davon ab, dass Polen grundsätzlich zu Straflagerhaft verurteilt wurden. Die Dauer der wegen deutschfeindlicher Äußerungen gegen Polen verhängten Strafen betrug in den vorliegenden sechs Fällen ein Jahr und sechs Monate.

Zwar ist die Anzahl der Fälle für eine statistische Auswertung nicht hinreichend, doch lässt sich bei einer inhaltlichen Analyse der Urteile des Sondergerichts zu sogenannt heimtückischen Äußerungen von Deutschen und denen zu deutschfeindlichen Äußerungen von Polen eine möglicherweise zutreffende Erklärung für die dem Anschein nach in diesen Fällen im Durchschnitt kürzere Strafe der Polen finden. Äußerungen von Polen wertete das Gericht vor allem als Unbotmäßigkeiten, die in dem Verhältnis der polnischen Untertanen zu den deutschen Herren nicht zu dulden waren, und weniger als potentielle Beeinträchtigung der deutschen Fähigkeit zur Kriegsführung. Die öffentlichen Zweifel von Deutschen am

---

[159] Staatsarchiv Kalisz: Sondergericht Kalisz 1939 – 1944, Nr. 362.
[160] A.a.O.
[161] A.a.O.

Endsieg hielten die Richter dagegen ausdrücklich für gefährlich, weil sie geeignet seien, *„auch die Haltung anderer, insbesondere solcher Personen, die selbst nicht die nötige Urteilskraft haben, auf das Schwerste zu beeinträchtigen und damit lähmend auf die Widerstandskraft des Volkes zu wirken, sowie außerdem die Verbundenheit zwischen Front und Heimat zu gefährden"*[162]. Diese derart gefährliche „Heimtücke" Deutscher erschien dem Gericht also wegen ihrer möglichen Folgen schwerwiegender denn die deutschfeindlichen Worte von Polen und es dürfte sie deshalb auch mit durchschnittlich längeren Strafen bedacht haben. Das war eine Gefahreneinschätzung, die offenbar der Sichtweise der Reichsregierung entsprach, denn über die Verfahren wegen Vergehen gegen das Heimtückegesetz musste die Staatsanwaltschaft dem Reichsjustizministerium berichten.

04.10.02 Unerlaubter Waffenbesitz

Waffen in Händen der unterdrückten Polen mussten die deutschen Okkupanten natürlich fürchten. Deshalb bedrohte die Polenstrafrechtsverordnung unerlaubten Besitz von Waffen mit der Todesstrafe. Wer vom Waffenbesitz anderer Kenntnis hatte, ohne die Behörden davon denunziatorisch in Kenntnis zu setzen, für den war die gleiche Strafe vorgesehen.

Der polnische Landwirt Josef B. hatte 1938 einen Revolver gekauft und ihn im Juni 1939 neben einem Lindenbaum auf dem Grundstück seines Gehöfts vergraben, die Waffe dabei allerdings nicht hinreichend gegen Feuchtigkeit gesichert. *„Beim Auffinden"*, so das Gericht, *„war die Waffe ziemlich verrostet und unbrauchbar, die Trommel unbeweglich."*[163] Nach Feststellung des als Sachverständiger hinzugezogenen Kreisjägermeisters war der Revolver aber durch mehrstündiges Lagern in Petroleum und durch Abreiben wieder gebrauchsfähig zu machen. Die Einwendungen des Angeklagten, er könne nicht lesen und habe deshalb von der Waffenablieferungspflicht nach Ende des Polenkrieges zunächst nichts erfahren und später angenommen, die vergrabene Waffe sei inzwischen unbrauchbar und deshalb für ihn nicht mehr von Bedeutung, ließ das Gericht nicht gelten. Es sprach ihn des unerlaubten Schusswaffenbesitzes schuldig. *„Das Sondergericht hat hier aber"*, so der Urteilstext, *„in Übereinstimmung mit der Auffassung der Staatsanwaltschaft einen min-*

---

[162] Staatsarchiv Kalisz: Sondergericht Kalisz 1939 – 1944, Nr. 649.
[163] Staatsarchiv Kalisz: Sondergericht Kalisz 1939 – 1944, Nr. 14.

derschweren Fall angenommen, weil es sich bei dem gefundenen Revolver in seinem früheren wie jetzigen Zustand nur um eine beschränkt gebrauchsfähige Schusswaffe handelt. Nach dem Gutachten des Sachverständigen ist der Revolver eine völlig veraltete Waffe ohne besondere Gefährlichkeit, wovon sich auch das Gericht durch Augenscheinsnahme überzeugt hat. In dem Revolver befand sich keine schussfertige Munition, es ist solche wegen des ungewöhnlichen Kalibers auch kaum noch zu beschaffen. Hiernach ist nicht festzustellen, dass es sich um eine voll intakte und damit gefährliche Waffe handelt. Gegen den Angeklagten lag sonst nichts vor. Das Gericht hat unter diesen Umständen von der Todesstrafe abgesehen."[164] Es verurteilte Josef B. zu drei Jahren Straflager.

Das Nichtanzeigen unerlaubten Schusswaffenbesitzes ahndete das Sondergericht ebenfalls hart. Kazimierz S. wurde dieser Straftat wegen angeklagt. Nachdem sein Vater von seinem Bauernhof vertrieben worden war, hatte der neue Eigentümer, der wolhyniendeutsche Umsiedler Schulz, im Kamin des Wohnhauses zwei Militärgewehre gefunden. Der Vater wurde verhaftet. Er gab an, die Gewehre gehörten seinem verschollenen Bruder. Er selbst habe seine eigenen Waffen bereits zu polnischer Zeit abgeliefert. Das konnte er durch eine Bescheinigung belegen. Da ihm anderes nicht nachzuweisen war, wurde der Vater des Angeklagten wegen Nichtanzeige fremden Schusswaffenbesitzes zu fünf Jahren Straflager verurteilt. Als Kazimierz S. erfuhr, dass sein Vater der beiden Gewehre wegen verhaftet worden war, floh er, wurde aber gefasst. Das Gericht sah ihn dessen überführt an, ebenfalls von der Existenz der Waffen gewusst zu haben. Es erkannte an, dass er vergeblich versucht hatte, den Vater dazu zu überreden, die beiden Gewehre des Bruders den deutschen Behörden zu melden. Deshalb fiel die Strafe für Kazimiersz S. wesentlich milder aus als die gegen seinen Vater. Das Gericht nahm einen minderschweren Fall der Nichtanzeige von Schusswaffenbesitz an, sah aber wegen der Gefährlichkeit der Militärwaffen und einer aus seiner Sicht gegenüber anderen gebotenen Abschreckung doch eine empfindliche Freiheitsstrafe als erforderlich an. Es verhängte zwei Jahre Straflager.[165]

04.10.03 Landfriedensbruch

Während Verbrechen, die von Deutschen an Polen begangen wurden,

---

[164] A.a.O.
[165] Staatsarchiv Kalisz: Sondergericht Kalisz 1939 – 1944, Nr. 512.

nicht als Offizialdelikt behandelt werden mussten, verfolgten Polizei und Justiz umgekehrt Gewalt von Polen gegen Deutsche mit aller Härte. Der nachfolgend zu schildernde Vorfall[166] zählte zu den so genannten Septemberverbrechen, also Ausschreitungen von Polen gegen Deutsche nach Beginn des deutschen Überfalls auf den polnischen Staat. Er spielte sich nach Auffassung des Gerichts in folgender Weise ab: Am 1. September 1939 fuhr der Volksdeutsche Pede gemeinsam mit Sohn und Tochter auf einem Fuhrwerk nach Hause. Im Dorf Trabczyn wurde ihr Gespann von Polen angehalten. Pede erkannte, dass ihnen ernste Gefahr drohte, und fuhr auf den Hof des einzigen Deutschen im Dorf, Richard Drewlo. Drei bis vier Polen folgten ihnen unmittelbar und „einige" von ihnen schlugen mit Stöcken auf Vater und Sohn Pede ein. Eine nachfolgende Menge von etwa 100 Menschen strömte auf den Hof und schlug mit Spaten, Hacken, Mistgabeln, Stöcken und Zaunlatten ebenfalls auf die beiden Deutschen ein. Der Sohn blieb ohnmächtig auf dem Wagen liegen. Die von Richard Drewlo herbeigerufene polnische Polizei nahm ihn und die beiden Pedes zum nächsten Polizeiposten mit. Hier wurden die drei Deutschen weiter misshandelt. Der Sohn starb in der folgenden Nacht an den erlittenen Verletzungen, Richard Drewlo wurde am nächsten Tag freigelassen, Vater Pede blieb seitdem verschollen.

Einem der Polen, die als erste auf den Hof eingedrungen waren, wurde 1940 der Prozess gemacht. Das Gericht verurteilte ihn zum Tode. Władysław S. wurde ebenfalls beschuldigt, zur Gruppe der ersten Verfolger gehört zu haben. Ihn verhaftete die Polizei am 15. März 1943, am 18. Mai stand er vor Gericht. Zwar gab S. zu, auf dem Hof dabei gewesen zu sein, aber nur aus Neugier und ohne sich an den Schlägen beteiligt zu haben. Die beiden jugendlichen Kinder von Richard Drewlo sagten jedoch aus, den Angeklagten in der ersten Gruppe mit Gewissheit erkannt zu haben. Ob auch er einen Stock in der Hand hatte und damit auf die beiden Deutschen einschlug, konnten die beiden Zeugen jedoch nicht mit Sicherheit angeben.

Das Sondergericht befand den Angeklagten des Landfriedensbruchs schuldig, da er sich „einer Menschenmenge anschloss, die sich öffentlich zusammengerottet hatte und mit vereinten Kräften Gewalttätigkeiten gegen Personen und Sachen beging"[167], und verhängte sechs Jahre Strafla-

---

[166] Staatsarchiv Kalisz: Sondergericht Kalisz 1939 – 1944, Nr. 476.
[167] A.a.O.

75

gerhaft. Die Polenstrafrechtsverordnung vom 4.12.1941 wurde in diesem Fall rückwirkend angewandt.

04.10.04 Körperverletzung

Es handelte sich um eine durch das Sondergericht als unpolitisch angesehene Straftat, deretwegen sich der galiziendeutsche Landwirt Jakob B. verantworten musste.[168] Seine Ehe hatte sich in einer Krise befunden. Die Frau war krank, konnte immer weniger mitarbeiten und hielt nach Auffassung des Angeklagten auch die Tochter nicht hinreichend zur Mithilfe im Betrieb an. Darüber kam es zu häufigem Streit. Jakob B. ließ sich oft dazu hinreißen, seine Frau körperlich schwer zu misshandeln. Einmal trat er ihr mit dem Fuß in den Unterleib. Sie musste sich mehrfach ärztlich behandeln lassen. Eine Ärztin stellte bei zwei Untersuchungen als Folgen solcher Misshandlungen blaue Flecke und blutunterlaufene Striemen an den Oberarmen, eine handgroße dunkelblaue Fläche an der linken Unterbauchseite, erhebliches Nasenbluten und eine handgroße Beule am Kopf fest.

„Wenn es auch", so das Gericht, *„bei den in östlichen Verhältnissen Aufgewachsenen allgemeine Ansicht ist, dass die Frauen den Männern nicht gleichberechtigt sind und körperliche Züchtigungen ihrer Ehemänner als etwas selbstverständliches hinnehmen, so geht doch das Verhalten des Angeklagten sogar weit über den Rahmen eines vielleicht in seiner Heimat üblichen Züchtigungsrechts hinaus. So weit, wie es der Angeklagte getrieben hat, darf es auch unter Eheleuten, die aus dem weiteren Osten stammen, nicht kommen."[169]*

Während der neunmonatigen Untersuchungshaft des Angeklagten hatten sich die Eheleute allerdings wieder versöhnt und wollten, wie die Frau erklärte, fortan in Eintracht zusammenleben. Das Gericht war bestrebt, die neue Familienharmonie nicht zu stören. Es verurteilte Jakob B. zu neun Monaten Gefängnis, und zwar unter Anrechnung der Untersuchungshaft, sodass seine Strafe damit zugleich verbüßt war.

Körperverletzungen, die Deutsche durch Polen erlitten, bestrafte das Gericht im Vergleich dazu härter, selbst wenn es sich um einen Streit aus nichtigem Anlass und mit geringen Folgen handelte. Als Beispiel dafür

---

[168] Staatsarchiv Kalisz: Sondergericht Kalisz 1939 – 1944, Nr. 16.
[169] A.a.O.

kann der Fall des polnischen Mauergesellen Władysław B. dienen, den die schriftliche Urteilsbegründung folgendermaßen darstellt: B. war Vorarbeiter in einer Kolonne von etwa 50 Bauarbeitern, die auf dem landwirtschaftlichen Gehöft des deutschen Umsiedlers Schuster, also einem früher polnischen Bauernhof, arbeiteten. Als ein schwerer Hammer benötigt wurde, über den der Bautrupp nicht verfügte, schickte Władysław B. einen polnischen Arbeiter zum Nachbargehörft des Deutschen Linzmeier. Władysław B. hatte dort einen solchen Hammer gesehen und der Arbeiter sollte ihn mit Erlaubnis des Besitzers ausleihen. Der Pole holte aber das Werkzeug aus einem Schuppen, ohne weiter zu fragen. Aufgebracht und schimpfend erschien danach Linzmeier auf der Baustelle, wo Władysław B. mit weiteren Arbeitern auf einem drei Meter hohen Gerüst stand und eine Mauer hochzog. Da sich Linzmeier durch eine Erklärung des Sachverhalts nicht beruhigen ließ, rief ihm B. auf Polnisch sinngemäß zu: *„ Verdammt, Deutscher, warum bist du hergekommen?"* Daraufhin ergriff Linzmeier einen faustgroßen Feldstein und warf ihn auf den Polen, ohne ihn zu treffen. Die anderen polnischen Arbeiter verließen sofort das Gerüst, B. aber ergriff einen Ziegelbrocken, schleuderte ihn auf den Deutschen und fügte ihm damit eine leichte Hautabschürfung am Bein oberhalb des Knöchels zu. Nun begann ein regelrechter Kampf zwischen den beiden. Steine flogen hin und her, verfehlten aber alle das Ziel. Linzmeier versuchte, mit einer Spitzhacke oder einem Spaten über die Leiter auf das Gerüst zu steigen. B. drehte die Leiter um, sodass der Deutsche abspringen musste. Der warf daraufhin mit dem Werkzeug nach dem Polen. Nun flüchtete auch B., versteckte sich und ging später mit dem deutschen Bauführer Blase zur Polizei. Der Pole wurde als Angeklagter vor Gericht gestellt, der Deutsche Linzmeier als Zeuge geladen. Die Richter urteilten, Władysław B. hätte nicht losschimpfen und Worte gebrauchen sollen, *„die er einem Deutschen gegenüber nicht anwenden durfte."* Und: *„Noch viel weniger durfte er, als Linzmeier ihn für seine frechen Antworten mit einem Stein bewarf, nun gleichfalls diesen mit einem Stein bewerfen. Er hätte vielmehr, wie seine polnischen Mitarbeiter das taten, sich sofort vom Gerüst entfernen müssen."*[170]

Obwohl also Linzmeier, der mit der Tätlichkeit begonnen hatte, nur eine leichte Hautabschürfung davon trug und keine derart schweren Verletzungen wie die Ehefrau im vorigen Fall, verurteilte das Sondergericht Władysław B. zu einem Jahr Straflager. Dabei erkannte das Gericht an,

---

[170] Staatsarchiv Kalisz: Sondergericht Kalisz 1939 – 1944, Nr. 11.

Linzmeier habe viel zur Eskalation des Streits beigetragen. Zum Tatbestand der Körperverletzung kam aber in diesem Fall hinzu, dass „*Aufsässigkeiten und Widersetzlichkeiten von Polen gegenüber Deutschen grundsätzlich schwer bestraft*" werden müssten und es erforderlich wäre, „*allen Polen zu zeigen, dass sie sich anständig zu verhalten haben, wenn sie von Deutschen zur Rede gestellt werden*".[171] Die Richter sahen also eine unterwürfige Haltung der Polen gegenüber den Deutschen als rechtlich geboten an.

Noch erheblich schwerer wurden Polen bestraft, wenn das Gericht zu dem Schluss kam, in der Person eines angegriffenen und verletzten Deutschen verkörpert sei das deutsche Volk insgesamt angegriffen und herabgesetzt worden. Einer angeblich solchen Tat hatte sich der polnische Landwirt Franciszek K. schuldig gemacht. Sein Haus verfügte über vier Zimmer. Eines davon hatte der Ortsvorsteher Frau Kazimierczak und ihrer Tochter als Wohnung zugewiesen. Der Landwirt benötigte aber im Herbst 1942 diesen Raum zur Einlagerung von Roggen. Er wandte sich deshalb an den Ortsvorsteher, um das Zimmer frei zu bekommen, aber vergeblich. Also griff er zur Selbsthilfe und riss die Verschlusskrampen der Zimmertür heraus, damit sie nicht mehr verschlossen werden konnte. So wollte er die Mieterin veranlassen, aus dem Haus auszuziehen. Diese Maßnahme hatte zwei Tage später zur Folge, dass Frau Kazimierczak nicht mitging, als die siebzehnjährige Volksdeutsche Maier sie zur Arbeit bei ihrem Pflegevater abholen wollte. Die Deutsche forderte deshalb den Bauern auf, den Türverschluss sofort wieder anzubringen. Als der das verweigerte, ging sie zum Ortsvorsteher. Weil dieser noch im Bett lag, konnte sie ihn nicht persönlich sprechen, erhielt aber über seine Frau die Mitteilung, die Kazimierczak brauche noch nicht auszuziehen und sie selbst könne den Verschlusskrampen wieder an der Wohnungstür anbringen. So geschah es, die Deutsche Maier schlug den Verschlusskrampen selbst wieder in die Wand. Der Bauer, durch seine Tochter alarmiert, riss ihn erneut heraus, schob die Deutsche zur Seite und gab ihr eine Ohrfeige. Die Maier forderte ihn daraufhin auf, sofort zum Ortsvorsteher mitzukommen. Der Bürgermeister bestätigte seine frühere Entscheidung und wies zusätzlich die Deutsche an, umgehend bei der Gendarmerie Anzeige zu erstatten. So kam Franciszek K. vor das Sondergericht, welches „keinen Zweifel daran hatte, dass sich der Angeklagte „*gröblich*" vergangen habe, wobei es den Richtern aber nicht allein um das Delikt einer Körper-

---

[171] A.a.O.

verletzung ging, sondern vor allem um einen Verstoß gegen die Rassenordnung: *„Jedem Polen ist bekannt, dass er sich jeglicher Gewalttat gegen Deutsche unter allen Umständen zu enthalten hat. Gegenüber Anordnungen von deutschen Behörden hat er als Schutzangehöriger eine unbedingte Gehorsamspflicht und darf in keinem Falle eigenmächtig vorgehen.*"[172] Die Zeugin Maier habe sich *„nicht als Unberufene um die Wohnung der Kazimierczaks [gekümmert], sondern hatte hierzu ein Recht, da sie die Kazimierczaks als Arbeitsleute ihres Pflegevaters nur mitnehmen konnte, wenn diese ihre Wohnung verschließen konnten. Als die Zeugin Maier sich dann auch noch an den Ortsvorsteher gewandt hatte, was der Angeklagte wusste und wonach er nunmehr annehmen musste, dass sie mit Zustimmung des Ortsvorstehers handelte, hätte er nun allen Grund gehabt, sich der Anordnung der Maier zu fügen und nichts gegen die Wiederherstellung des Türverschlusses unternehmen dürfen. Wenn er sich darum nicht kümmerte, vielmehr dann doch wieder eigenmächtig vorging und sogar die Zeugin Maier noch ins Gesicht schlug, so ist das ein schwerer Übergriff eines Polen gegenüber einer deutschen Frau, mit dem er das Deutschtum auch insgesamt geschädigt"* und *„herabgesetzt"*[173] hat. Dafür verurteilte ihn das Sondergericht zu drei Jahren und sechs Monaten Straflager.

Noch schwerer fiel die Strafe gegen den Elektromonteur Josef Ch. aus, weil er sich an einer deutschen Amtsperson vergangen hatte. Er hatte, so das Gericht, mit anderen an einem verbotenen Glücksspiel teilgenommen und war festgenommen worden. Es gelang ihm jedoch zu fliehen, indem er sich plötzlich querfeldein davonlief. Zwei als Hilfspolizisten eingesetzte uniformierte SA-Männer verfolgten ihn. Als der Pole an einem Wassergraben nicht mehr weiter konnte, stürzte er sich auf einen der Verfolger, warf ihn zu Boden und setzte sein Knie auf dessen Rücken. Mit Hilfe des zweiten SA-Manns gelang es aber, den Flüchtigen zu überwältigen. Das Gericht sah davon ab anzunehmen, dass es sich um einen planmäßig vorbereiteten Angriff auf einen SA-Mann gehandelt hätte. Da aber die in der Heimat noch verbliebenen SA-Männer dazu beitrügen, die öffentliche Sicherheit zu gewährleisten, bedürften sie eines besonderen Schutzes durch abschreckend wirkende Strafen – in diesem Fall durch sechs Jahre Straflager.[174] – Mit der Verwendung des Begriffs

---

[172] Staatsarchiv Kalisz: Sondergericht Kalisz 1939 – 1944, Nr. 239.
[173] A.a.O.
[174] Staatsarchiv Kalisz: Sondergericht Kalisz 1939 – 1944, Nr. 48.

„Heimat" zeigten die Richter übrigens, wie sehr und wie kritiklos sie selbst als Deutsche die Annektion des polnischen Warthelandes durch den NS-Staat verinnerlicht hatten.

Handelte es sich bei der Amtsperson um einen Polen in deutschen Diensten, dann musste der nach Auffassung des Gerichts ebenso wie ein Deutscher in dieser Funktion *„gegen Angriffe von Seiten der deutsch-feindlich eingestellten polnischen Bevölkerung geschützt werden"*.[175] Doch konnte die Strafe in einem solchen Fall bemerkenswert geringer ausfallen. Cesław R. hatte gemeinsam mit seinem Vater einen polnischen Ortsvorsteher derart misshandelt, dass sich dieser mit erheblichen Verletzungen im Gesicht acht Tage lang im Krankenhaus behandeln lassen musste. Wäre er Deutscher gewesen, hätte die Tat mit dem Tode bestraft werden müssen, wie das Gericht eindeutig feststellte: *„Bei der Bemessung der Strafe war zu bedenken, dass ein derartiges brutales und dreistes Verhalten eines Polen gegenüber einem Angehörigen einer deutschen Behörde grundsätzlich die Todesstrafe erfordert. Ein minder schwerer Fall liegt nur um deswillen vor, weil der Angeklagte sich an einem* polnischen *Dorfschulzen vergriffen und demnach nicht die Hemmung gehabt hat, wie gegenüber einem deutschen Dorfschulzen."*[176] Für die Misshandlung des Polen erschienen dem Gericht drei Jahre Straflager eine angemessene Strafe zu sein.

Unter den 95 Urteilen des Sondergerichts Kalisch, an denen Ferdinand Trümper mitgewirkt hat, befinden sich insgesamt 13, welche die Anwendung oder auch nur Androhung körperlicher Gewalt gegenüber Deutschen oder auch gegenüber polnischen Angehörigen deutscher Behörden mit Freiheitsstrafen ahndeten, um, wie es in einem der Urteile hieß, *„widerspenstige Polen zur Zurückhaltung und Achtung gegenüber dem Deutschtum"*[177] anzuhalten. Umgekehrt verhandelte die Kammer des Sondergerichts, soweit Ferdinand Trümper ihr angehörte, nicht ein einziges Mal gegen einen Deutschen, der sich der Bedrohung, Verletzung oder Tötung eines Polen schuldig gemacht hätte. Dabei lässt die arrogante Herrenmenschen-Einstellung vieler Deutschen vermuten, dass es solche Taten in größerer Zahl gab. Belegt wird diese Annahme durch ein Rundschreiben des Gauleiters im Warthegau, Greiser, vom 20. Juli 1943. Um anderslautenden Gerüchten entgegenzutreten, betonte er darin ausdrück-

---

[175] Statsarchiv Kalisch: Sondergericht Kalisz 1939 – 1944, Nr. 453.
[176] A.a.O.
[177] Staatsarchiv Kalisch: Sondergericht Kalisz 1939 – 1944, Nr. 377.

lich, es sei zulässig, bei der Arbeit mit Polen die Prügelstrafe anzuwenden. Widerspenstigkeit und Frechheit von Polen sollten mit Schlägen beantwortet werden, anstatt deswegen Protokolle zu schreiben. Greiser sprach sich lediglich gegen maßlose Auswüchse aus.[178] Auch in den Dokumenten des Sondergerichts wurden hier bereits erwähnte Übergriffe von Deutschen, die als Zeugen auftraten, gegenüber Polen aktenkundig: Schläge bei Verhören durch die Polizei sowie die Erschießung von Jan Miętus durch den Gutsverwalter Winteler.[179] Die Staatsanwaltschaft machte aber offensichtlich sehr weitgehend von der bewusst geschaffenen rechtlichen Möglichkeit Gebrauch, Straftaten Deutscher nicht verfolgen und anklagen zu müssen, wenn Polen davon betroffen waren.

04.10.05 Unbefugtes Tragen eines Hakenkreuzabzeichens

Da für Deutsche und Polen zahlreiche unterschiedliche Bestimmungen galten und auch eine Vermischung der Menschen beider Völker aus Gründen der nationalsozialistischen Rassenlehre vermieden werden sollte, erschien es den Nationalsozialisten wünschenswert, wenn Polen und Deutsche möglichst schon äußerlich unterscheidbar waren. Viele Deutsche im Warthegau trugen eine Uniform, auch Zivilisten, so wie Ferdinand Trümper als Richter eine Parteiuniform besaß. Außerdem gab es zahlreiche Abzeichen, zum Beispiel das der NSDAP, der NSV[180], der HJ, die an die Zivilkleidung angesteckt werden konnten. Und es gab natürlich für Polen die Versuchung, solche Abzeichen zu verwenden, um den damals im Warthegau vorteilhaften Anschein zu erwecken, sie seien Deutsche.

Das konnte ganz praktische Gründe haben, wie im Fall von Berta C., die zu acht Monaten Straflager verurteilt wurde.[181] *„Am 10. Dezember 1941 begab sich die Angeklagte von Wroblina, wo sie damals wohnte, nach Reichwald und versuchte auf dem dortigen Postamt, wo sie glaubte, unerkannt zu bleiben, ein Paket, das zwei Männerhemden und einige Lebensmittel enthielt, an den im Altreich befindlichen Polen Michael Ditrich aufzugeben. Um zu verhindern, dass der Paketinhalt nachgeprüft werden würde, schrieb sie ihren deutsch klingenden Mädchennamen Rux*

---

[178] Siehe Madajczyk, Czesław 1988: S. 261.
[179] Siehe Seite 44 ff.
[180] NSV = Nationalsozialistische Volkswohlfahrt.
[181] Staatsarchiv Kalisz: Sondergericht Kalisz 1939 – 1944, Nr. 54.

als Absenderin und als Wohnort Wola-Rychwalska, Gemeinde Eichha-
gen, auf die Klebe- und Paketadresse. Sie trug auch am Mantel ein
WHW-Abzeichen[182], das ein Hakenkreuz zeigt, um als Deutsche angese-
hen zu werden und bei der Aufgabe des Pakets keine Schwierigkeiten zu
haben. Obwohl sie das Abzeichen trug und deutsch sprach, wurde das
Paket nicht angenommen, denn der Postbeamte, dem eine Frau Rux aus
Wola-Rychwalska nicht bekannt war, glaubte, eine Polin vor sich zu ha-
ben. Die Angeklagte wurde deshalb aufgefordert, das Paket auf dem dem
Postamt gegenüberliegenden Gendarmerieposten nachprüfen zu lassen.
Das tat die Angeklagte nicht. Der Zeuge Gendarmeriemeister Wehle, der
vom Fenster des Postens aus bemerkte, dass sie sich mit dem Paket ent-
fernte, folgte ihr und hielt sie an. Sie erklärte ihm, dass sie Deutsche sei
und in Wola wohne. Der Zeuge Wehle nahm sie zur Feststellung ihrer
Person mit auf den Posten."[183] Dort flog der Schwindel auf.

Das Gericht entschied, Berta C. habe als Polin unbefugt ein deutsches
Hakenkreuzabzeichen getragen und sich dadurch nach I Abs. 3 der Polenstrafrechtsverordnung schuldig gemacht. Es handelte sich demnach
um einen Verstoß gegen das Wohl des Deutschen Reiches: *„Sie hat sich*
als Polin in sehr erheblicher Weise zu tarnen versucht. Solchen Bestre-
bungen muss zur unbedingten Gewährleistung der reinlichen Scheidung
zwischen Deutschen und Polen entschieden entgegengetreten werden. Da
die Angeklagte, die sich schon seit längerer Zeit im Arbeitseinsatz im
Altreich befindet, noch nicht vorbestraft ist, auch kein parteiamtliches
Abzeichen getragen hat, schliesslich auch geständig gewesen ist, konnte
noch einmal auf eine verhältnismässig milde Strafe erkannt werden."[184]

Die Verwendung eines deutschen Abzeichens konnte auch auf dem
starken Wunsch beruhen, Deutscher zu werden und zu sein. Johann H.
war in Sachsen geboren und lebte bis zu seinem 16. Lebensjahr dort.[185]
Seit 1942, inzwischen 20 Jahre alt, arbeitete er als Kraftfahrer bei einer
Speditionsfirma in Kattowitz. Seine Eltern hatten einen Antrag auf Aufnahme in die Deutsche Volksliste gestellt. Noch bevor über diesen Antrag
abschlägig entschieden war, steckte sich der Angeklagte ein deutsches
Hoheitsabzeichen an seine Mütze und musste dafür mit sechs Monaten

---

[182] WHW = Winterhilfswerk.
[183] A.a.O.
[184] A.a.O.
[185] Staatsarchiv Kalisz: Sondergericht Kalisz 1939 – 1944, Nr. 126.

Straflager büßen, weil er sich auf diese Weise als Deutscher „*getarnt*" hatte.[186]

Eine ebenfalls rassistische Begründung fand das Gericht für die Verurteilung von Władysław B., der sich während einer Bahnfahrt ohne Fahrschein ein HJ-Abzeichen angesteckt hatte: „*Durch das verbotene Tragen des HJ-Abzeichens hat er als Pole das Ansehen des deutschen Volkes herabgesetzt.*"[187] Der Pole, der sich als Deutscher ausgab und in den Augen des Gerichts dabei durch seine Minderwertigkeit das Bild der Deutschen gleichsam als Schandfleck beeinträchtigte, musste für ein Jahr ins Straflager – neun Monate wegen des Abzeichens und drei Monate wegen der Schwarzfahrt.

04.10.06 Vergehen gegen die Volksschädlingsverordnung

Die Verordnung gegen Volksschädlinge vom 5. September 1939 bestimmte in § 4:

„*Wer vorsätzlich unter Ausnutzung der durch den Kriegszustand verursachten außergewöhnlichen Verhältnisse eine sonstige Straftat begeht, wird unter Überschreitung des regelmäßigen Strafrahmens mit Zuchthaus bis zu 15 Jahren, mit lebenslangem Zuchthaus oder mit dem Tode bestraft, wenn dies das gesunde Volksempfinden wegen der besonderen Verwerflichkeit der Straftat erfordert.*"[188]

Diese Strafrechtsbestimmung traf auf den Wolhyniendeutschen Johann R. zu. Er war im Herbst 1939 mit seiner großen Familie als „Rücksiedler" in den Warthegau gekommen. Seine eventuell hochgesteckten Erwartungen dürften sich jedoch zunächst kaum erfüllt haben, denn nach einem Aufenthalt in verschiedenen Lagern wurde ihm erst im August 1940 ein bis dahin polnischer Bauernhof übertragen. Ein Jahr später übernahm er in seinem Dorf die Ämter des Ortsvorstehers und des Blockleiters der NSDAP.

Als Parteifunktionär war Johann R. im Dezember und Januar 1941/42 an der Sammlung von Wintersachen für die Front beteiligt. Von daher

---

[186] A.a.O.
[187] Staatsarchiv Kalisz: Sondergericht Kalisz 1939 – 1944, Nr. 12.
[188] Zitiert nach Justizministerium des Landes Nordrhein-Westfalen (Hg., o. J.): Juristische Zeitgeschichte Bd. 15, S. 196.

wusste er, dass der alte Pfarrer Lawinski noch einen Pelz besaß, den er statt eines Wintermantels trug und nachts zum Zudecken benutzte. Einige Wochen später nutzte Johann R. eine andere Aktion, die polizeiliche Einwohnererfassung, um den Pfarrer auf seinen Pelz hin anzusprechen und dessen Herausgabe zu fordern. Er sammle Pelze für die Wehrmacht. *"Als Lawinski ihn darum bat, ihm den Pelz doch zu belassen, da er ihn als einzige Winterüberkleidung nicht entbehren könnte und lieber Geld geben wolle, erwiderte ihm der Angeklagte, dass die Wehrmacht sich nicht mit Geld decken könne und die Soldaten nicht frieren dürften. Er, der Pfarrer, könne über Winter im Bette liegen, die Wehrmacht aber müsse die Pelze haben. Lawinski, der den Pelz gerade an hatte, zog ihn daraufhin sofort aus und übergab ihn dem Angeklagten und veranlasste dann seine Wirtschafterin ebenfalls ihre Pelzjacke aus Schaffell dem Angeklagten herauszugeben. Beide Pelze nahm der Angeklagte mit in seine Wohnung. Durch Vermittlung seiner Frau ließ er sie einige Zeit später von einer polnischen Schneiderin von außen mit Stoff überziehen und umarbeiten, so dass sie als Felle nicht mehr kenntlich waren. Die Pelze wurden dann von ihm und seiner Frau bis Frühjahr 1943 getragen."* [189]

Diese Nutzung der Pelze des Pfarrers blieb nicht verborgen, sondern wurde zum Dorfgespräch, aber erst zum Gegenstand polizeilicher Ermittlungen, als R. wegen des Verdachts anderer Vergehen in Untersuchungshaft genommen wurde. Es wurde ihm Unterschlagung, Betrug, Urkundenfälschung und die Schwarzschlachtung eines Schweines vorgeworfen, Vergehen, über die in einem gesonderten Prozess verhandelt wurde. In dem Verfahren wegen der beiden Pelze lastete das Gericht dem Angeklagten nicht nur den Betrug an, sich unter Vorspiegelung einer Sammlung für die Wehrmacht persönlich bereichert zu haben. *"Er hat weiter [...] das Wohl des deutschen Volkes geschädigt, denn seine Tat, die der überwiegend polnischen Bevölkerung des Ortes nicht unbekannt geblieben ist, hat zu einer Beeinträchtigung des Ansehens des deutschen Volkes bei der polnischen Bevölkerung geführt, zumal der Angeklagte als Ortsvorsteher und Blockleiter der Partei in einer gehobenen Stellung war, die ganz besonders zu peinlichster Korrektheit und Sauberkeit verpflichtete. [...] Zugleich ist der Angeklagte auch ein Volksschädling, denn er hat die durch die besonderen Kriegsverhältnisse bedingte Winter-*

---

[189] Staatsarchiv Kalisz: Sondergericht Kalisz 1939 – 1944, Nr. 430.

sachensammlung zu seiner persönlichen Bereicherung in schamloser Weise ausgenutzt."[190]

Bei seinem Urteil, fünf Jahre Zuchthaus für Johann R., fiel dem Gericht die Widersprüchlichkeit nicht auf, die darin lag, den Raub der beiden Pelze schwer zu bestrafen, den Raub eines polnischen Bauernhofes durch die deutsche Besatzungsmacht und die Übergabe dieses Hofes an den Volksdeutschen R. dagegen wie eine Selbstverständlichkeit zu erwähnen – also in diesem staatlichen Verbrechen zur „Eindeutschung" des Warthegaus offenbar keinen Verstoß gegen *„peinlichste Korrektheit und Sauberkeit"* zu sehen.

04.10.07 Kriegswirtschaftsverbrechen

Die während der Kriegszeit durch die Bewirtschaftung von Lebensmitteln und anderen Gütern begrenzte Möglichkeit, Waren des täglichen Bedarfs kaufen zu können, führte natürlich bei der deutschen wie bei der besonders hart betroffenen polnischen Bevölkerung dazu, die beschränkenden Regulierungen zu umgehen und sich das Gewünschte oder Benötigte auf ungesetzlichem Wege zu beschaffen. Daher verwundert es nicht, dass nahezu die Hälfte der 95 Prozesse, an denen Ferdinand Trümper am Sondergericht Kalisch beteiligt war, wegen Kriegswirtschaftsverbrechen geführt wurden. Zum Beispiel wurde wegen Schwarzschlachtungen, wegen *„Schleichhandels"*, also Schwarzhandels, wegen des Zurückhaltens von Waren sowie Schmuggels verhandelt.

Kriegswichtiges Ziel der Bewirtschaftung von Gütern des täglichen Bedarfs war es, vor allem die deutsche Bevölkerung hinreichend damit zu versorgen, um sie sozusagen bei Kriegslaune zu halten, also ihre den Krieg unterstützende Haltung zu sichern und nicht Kriegsmüdigkeit durch allzu große Entbehrungen zu provozieren.

- Schwarzschlachtung

Stanisław D. war im November 1941 von seinem Bauernhof vertrieben – in der Sprache des Gerichts: *„ausgesiedelt"* – worden.[191] Er fand dann in einem anderen Ort Arbeit als Knecht bei einem volksdeutschen

---

[190] A.a.O.
[191] Staatsarchiv Kalisz: Sondergericht Kalisz 1939 – 1944, Nr. 43.

Bauern. Im Herbst 1942 kaufte er auf dem Markt ein kleines Schwein, fütterte es etwa drei Monate lang, bis es ein Gewicht von 30 bis 40 Kilogramm erreicht hatte, und ließ es ohne amtliche Genehmigung durch seinen Stiefbruder schlachten. Das Fleisch wurde in seinem Haushalt verbraucht. Um Neujahr 1943 wurde Stanislaw D. von einem deutschen Landwirt mit einem 32 kg schweren Schwein für seine Arbeit entlohnt. Auch dieses Tier schlachtete der Stiefbruder. Ein Teil des Fleisches wurde noch am selben Tag verkauft beziehungsweise von der Familie beim Abendbrot verzehrt. In der Nacht fand eine Polizeistreife den Rest. Das Sondergericht stellte eine *„Sabotierung der deutschen Ernährungswirtschaft"*[192] fest – Schweine, die Polen widerrechtlich geschlachtet und gegessen hatten, konnten ja nicht mehr für die Versorgung der Deutschen mit Fleisch zur Verfügung stehen – und setzte fünf Jahre Straflagerhaft für Stanislaw D. fest. Dabei hatte das Gericht noch zu Gunsten des Angeklagten berücksichtigt, dass er nicht vorbestraft war und dass er das zweite Schwein verbotswidrig von seinem deutschen Arbeitgeber bekommen hatte.

- Nichtablieferung von Getreide

Der polnische Landwirt Josef K. hatte, so ergab die Gerichtsverhandlung, 1942 auf etwa drei Morgen Ackerland Roggen geerntet.[193] Dem Gutachten eines Sachverständigen zufolge musste von einem Ernteertrag von 25 Doppelzentnern ausgegangen werden. Josef K. hatte aber nur 9,5 Doppelzentner abgeliefert. Daher wurde er aufgefordert, noch mindestens weitere 9 Doppelzentner abzuliefern. Den Rest sollte er für den eigenen Bedarf und als Saatgut behalten dürfen. Der Ablieferungspflicht kam er aber nicht nach. Bei einer Durchsuchung seines Gehöfts wurde weiterer Roggen hinter Säcken mit Kunstdünger und unter Stroh versteckt gefunden. Insgesamt hatte Josef K. 10,30 Doppelzentner nicht abgeliefert und sich damit gegen bestehende Vorschriften *„skrupellos"* hinweggesetzt. *„Gegen die in letzter Zeit sich häufenden Nichtablieferungen von Getreide muß entschieden vorgegangen werden, denn dadurch wird unsere Ernährungswirtschaft erheblich gestört. Die Polen können auch nicht immer in genügender Weise überwacht werden und machen sich das*

---

[192] A.a.O.
[193] Staatsarchiv Kalisz: Sondergericht Kalisz 1939 – 1944, Nr. 234.

zunutze. "[194] Hier sprang daher das Gericht ein und verhängte ausdrücklich zur Abschreckung anderer eine Freiheitsstrafe in Höhe von drei Jahren Straflager.

- Betrug mit Lebensmittelkarten

Für Arthur B. sprach, dass er *„1919 als Freikorpskämpfer und jetzt wieder von 1940 – 1941 als Soldat seine Pflicht getan"*[195] und im Mai 1933 der NSDAP beigetreten war. Aber das schützte ihn bei einem Verstoß gegen die Kriegswirtschaftsverordnung nicht vor Strafe. Er war Betriebsleiter einer Firma in Kalisch, die ursprünglich Oberbekleidung für Damen und Kinder hergestellt hatte, während des Krieges und in deutschen Besitz gelangt aber vor allem für die Wehrmacht arbeitete. Zu den Aufgaben des Betriebsleiters gehörte es, Lebensmittel-Zulagekarten für die *„Langarbeiter"* des Betriebes zu beantragen und auch an sie auszugeben. Langarbeiter waren Männer, die mindestens 55 Stunden in der Woche arbeiteten, und Frauen und Jugendliche, deren wöchentliche Arbeitszeit mindestens 52 ½ Stunden betrug. Die Zulagekarten wurden für eine *„Ernährungsperiode"* von vier Wochen ausgestellt und berechtigten auf einzelnen Abschnitten zum Bezug von wöchentlich zusätzlich 600 Gramm Brot, 10 Gramm Fleisch und 20 Gramm Butter, Margarine oder Öl pro Person. Betriebsleiter Arthur B. wurde von seiner Firma als korrekt und zuverlässig beschrieben, aber mit den Zusatzkarten nahm er es nicht genau. Der Hauptvorwurf gegen ihn lautete, Kartenabschnitte abgezweigt zu haben. Dafür habe er sich in verschiedenen Geschäften Gutscheine ausstellen lassen – unter dem Vorwand, Lebensmittel für eine Werksküche zu benötigen. Tatsächlich seien diese Gutscheine nach und nach durch seine Frau für den privaten Verbrauch eingelöst worden. Insgesamt habe er sich so *„in einem kaum glaublichen Umfang"*[196] im Laufe von sechs Monaten mindestens 21 kg Butter und 86 kg Fleisch verschafft.

Das Sondergericht sah Betriebsleiter Arthur B. als der Tat überführt an und verurteilte ihn zu vier Jahren Zuchthaus. Anstatt der *„Gefolgschaft"*, also den Betriebsangehörigen, *„mit gutem Beispiel voranzugehen und bei der Befolgung der kriegswirtschaftlichen Bestimmungen, deren genaueste Beachtung eine der wesentlichsten Voraussetzungen für unser*

---

[194] A.a.O.
[195] Staatsarchiv Kalisz: Sondergericht Kalisz 1939 – 1944, Nr. 28.
[196] A.a.O.

wirtschaftliches Durchhalten ist und dies am Ende des 4. Kriegsjahres mehr denn je gefordert werden muss, in jeder Beziehung vorbildlich zu sein, hat er sich dazu hinreissen lassen, seine Stellung in übelster Weise zu missbrauchen und sich hinsichtlich der Ernährung unberechtigte Vorteile zu verschaffen, die letztes Endes auf Kosten der Gefolgschaftsmitglieder gingen. "[197] – Seine Frau wurde zu neun Monaten Gefängnis verurteilt.

- Beiseiteschaffen von Spinnstoffwaren

Die Schwester des Angeklagten Stanisław C., *„jetzt im Generalgouvernement"*, war am 1.2.1941, so stellte das Gericht fest, aus ihrer Weberei *„ausgesiedelt"* worden.[198] Sie hatte aber vor der Enteignung aus ihrem Warenbestand verbotenerweise noch Stoffe beiseite geschafft. Die Polizei fertigte später eine genaue Liste an:

„22 mtr rotgestreiften Inlett
28 " gestreiften Hemdenstoff
18 " Bettzeug
20 " gestreiften Futterstoff
24 " kar. Hemdenstoff
16 " gestreiften Inlett
24 " gestreiften Inlettstoff
35 " gestreiften Hemdenstoff
40 " gestreiften Hemdenstoff. "[199]

Zunächst brachte die Schwester diese Waren in Litzmannstadt (Łódź), dann bei ihrem Bruder, einem Landwirt, unter. *„Sie erklärte ihm dazu, dass sie schon alles verloren habe und diese Waren noch für sich retten wolle, damit sie diese nach Kriegsende für sich verwerten könne. Der Angeklagte nahm sie an und verbarg sie damals in seinen Schränken, wie ihm geglaubt werden kann. Auf Veranlassung seiner Schwester packte er dann im Herbst 1941 die Waren in eine dazu besonders angefertigte Holzkiste, auf die er dreifache Dachpappe schlug. Diese Kiste vergrub er*

---

[197] A.a.O.
[198] Staatsarchiv Kalisz: Sondergericht Kalisz 1939 – 1944, Nr. 59.
[199] A.a.O.

nahe dem Walde bei Ogrodzisko in etwa 1.50 m Tiefe. Dort wurde sie von spielenden polnischen Kindern entdeckt, die ihren Fund dem Ortsvorsteher meldeten, so dass die Waren beschlagnahmt werden konnten." Der Angeklagte *„war sich jedenfalls klar, dass sie* [die Schwester] *die Spinnstoffwaren zu Unrecht besass und beiseite schaffte. Er wusste auch, dass er sich daran nicht beteiligen durfte."*[200]

In den Augen des Gerichts sprach zu Gunsten des Angeklagten, dass er voll geständig gewesen und nicht vorbestraft war, auch, dass er unter dem Einfluss seiner Schwester stand. Gegen ihn sprach aus der Sicht der Richter die *„Schädlichkeit solcher Verbrechen für die allgemeine Kriegswirtschaft"*[201]. Deswegen wurde er zu einem Jahr und vier Monaten Straflagerhaft verurteilt. Das Unrecht der entschädigungslosen Enteignung der Schwester durch das Dritte Reich erscheint dem Urteilstext zufolge dagegen als eine Selbstverständlichkeit. Kein Verständnis dafür ist spürbar, dass die Schwester einen Teil ihres Besitzes für sich erhalten und der Bruder ihr dabei helfen wollte, und kein Gedanke daran, in der wirtschaftlichen Katastrophe der Enteignung ebenfalls einen Milderungsgrund zu sehen.

- Schwarzhandel mit Schuh- und Tabakwaren

Als seinen Eltern zu Anfang 1941 der Bauernhof abgenommen werden sollte, machte der 22jährige Leon M., gelernter Schuhmacher, eine Schuhreparaturwerkstatt auf, ohne hierfür eine Genehmigung zu beantragen. Aber er reparierte nicht nur Schuhe, sondern stellte auch Sandalen aus Stoff her und fertigte neue Schuhe aus Leder an. *„Das Leder hierzu"*, so das Gericht, *„bezog er zum Teil gegen Eintausch von Lebensmitteln von Juden aus dem Ghetto in Weruschau*[202]. *Die Schuhe verkaufte er ohne Bezugscheine an Polen zu Wucherpreisen. Der genaue Umfang der von ihm angefertigten und ohne Bezugsberechtigungen verkauften Lederschuhe hat sich nicht feststellen lassen. Bei seiner Festnahme hatte der Angeklagte 4 Paar neue Lederschuhe in Arbeit, außerdem wurden noch 2 Paar Schäfte gefunden. Der Polizei war der Angeklagte dadurch aufge-*

---

[200] A.a.O.

[201] A.a.O.

[202] Polnisch: Wieszów, in der Woiwodschaft Łódź gelegen. Das Ghetto bestand von September 1941 bis August 1942, seine Bewohner wurden im Vernichtungslager Kulmhof ermordet.

fallen, dass er keiner geregelten Arbeit nachging und doch immer über erhebliche Geldmengen verfügte. Bei seiner Festnahme hatte er 149.- RM Bargeld bei sich. [...] Der Angeklagte hat danach durch die Anfertigung und den Verkauf von Lederschuhen ohne Bezugsberechtigung fortgesetzt Rohstoffe und Erzeugnisse, die zum lebenswichtigen Bedarf der Bevölkerung gehören, beiseitegeschafft und sich damit des Kriegswirtschaftsverbrechens (Schleichhandel mit Schuhwaren) [...] schuldig gemacht. "[203]

Der in der Beweisaufnahme nachgewiesene Umfang des Gesetzesverstoßes war demnach also gering. Durch die Verhängung von zwei Jahren und vier Monaten Straflager, weil er *„laufend"* neue Lederschuhe angefertigt habe, wollte das Sondergericht dennoch ihm wie auch anderen Polen klar machen, *„dass die zur ordnungsgemäßen Bewirtschaftung lebens- und kriegsnotwendiger Erzeugnisse erlassenen Vorschriften unbedingt zu beachten sind.* "[204]

Zygmunt M. lernte im Dezember 1942 den beim Wehrmeldeamt in Kalisch tätigen Oberschützen Kurt Sch. kennen und verabredete mit ihm ein Geschäft, so das Sondergericht. Zygmunt M. kaufte von dem Deutschen für 2000 Reichsmark 20 kg Tabak und 11000 Zigaretten, die er im Schwarzhandel absetzen wollte. Ein Helfershelfer wurde jedoch bei dem Versuch, einen Karton mit 5000 Zigaretten zu verkaufen, festgenommen. Damit war der gesamte Handel aufgeflogen. Der Oberschütze Sch. wurde vor ein Kriegsgericht der Wehrmacht gestellt und zu 6 Monaten Gefängnis und 2500 RM Geldbuße verurteilt. Den vor dem Sondergericht angeklagten Polen traf eine härtere Strafe. Er wurde für schuldig befunden, böswillig die Deckung des lebenswichtigen Bedarfs der Bevölkerung an Tabakwaren gefährdet zu haben. Sein Urteil lautete auf drei Jahre Straflager und 1000 RM Geldstrafe.[205]

- Schmuggel

Felix F. war zusammen mit seiner Mutter im Dezember 1939 aus dem Warthegau in das Generalgouvernement deportiert worden.[206] Sein Bruder Władysław kam ebenfalls dorthin. Wovon sie dort hätten leben kön-

---

[203] Staatsarchiv Kalisch: Sondergericht Kalisz 1939 – 1944, Nr. 284.
[204] A.a.O.
[205] Staatsarchiv Kalisch: Sondergericht Kalisz 1939 – 1944, Nr. 307.
[206] Staatsarchiv Kalisch: Sondergericht Kalisz 1939 – 1944. Nr. 96.

nen, prüfte das Sondergericht nicht. Die beiden Brüder jedenfalls verlegten sich aufs Schmuggeln. *„Sie kauften im Gouvernement Taback, Zigaretten, Zigarettenpapier, Streichhölzer und Schuhpaste auf und verbrachten diese Waren über die grüne Grenze in den Warthegau, wo sie diese in den nächst der Grenze gelegenen Dörfern wieder absetzten. Im Warthegau kauften sie andererseits Mehl, Zucker und Grütze in einem nicht mehr feststellbaren Umfange auf und verbrachten diese Waren ebenfalls über die grüne Grenze in das Gouvernement. Durchschnittlich führten sie jede Woche etwa 1 bis 2 Schmuggelfahrten aus und verdienten dabei monatlich jeder bis zu 1000 Zloty. Im Mai 1940 siedelte ihre Mutter nach Burzenin zurück, wo sie sich dann unangemeldet aufhielt. Sie wurde aber bald – Juni 1940 – von der Polizei entdeckt und, da in ihrer Wohnung 9 kg frische Wurst gefunden wurden, wegen Verdachts der Schwarzschlachtung zusammen mit dem Angeklagten Felix F. verhaftet. Schon in der nächsten Nacht gelang es aber Felix F., die Aussenwand seiner Zelle im Amtsgefängnis Burzenin zu durchstossen und durch die Öffnung ins Freie zu kommen. Er befreite auch seine Mutter und beide flüchteten dann in den Kreis Lask, wo sie sich verborgen hielten. Felix F. nahm dann den bisher betriebenen Schmuggel wieder auf."* [207]

Das Sondergericht hatte keinen Zweifel daran, dass der angeklagte Felix F. neben dem gewerbsmäßigen Schmuggel an der Schlachtung eines gestohlenen Schweines beteiligt gewesen war. Vorstrafen wegen Diebstahls noch zu polnischer Zeit ließen ihn außerdem in keinem guten Licht erscheinen. Eine empfindliche Strafe hielten die Richtern daher für erforderlich. Sie verhängten acht Jahre Lagerhaft.

- Kohlendiebstahl

Schon Mitte der 30er Jahre war Zygmund T. dreimal wegen Kohlendiebstahls zu je drei Monaten Haft verurteilt worden. Als er 1942 wieder des Kohlendiebstahls überführt wurde, legte das Sondergericht ein ganz anderes Strafmaß an.

Die Methode von Zygmund T. war dem Gericht zufolge, von einem fahrenden Güterzug Kohlen auf den Bahndamm zu werfen. Andere sammelten die Kohlen für sich selbst auf und zahlten Zygmund T. drei Reichsmark für jeden auf diese Weise erbeuteten Doppelzentner. Groß

---

[207] A.a.O.

war der Verdienst nicht, denn Zygmund T. hatte einmal einen, beim zweiten Mal neun Doppelzentner hinabgeworfen. Das Gericht verhängte dafür 5 Jahre Straflager. Weil Zygmund T. sich außerdem gegenüber einem Bahnpolizisten mit dem Personaldokument eines anderen auszuweisen versucht hatte, erhöhte das Gericht die Freiheitsstrafe um ein weiteres Jahr. Von Bedeutung für die Strafzumessung war auch, dass es sich um Rückfalldiebstahl handelte, *„dass er sich als Pole an einem heute besonders wichtigen Rohstoff, wie es Kohlen sind, vergriffen hat“*, und außerdem *„die Gefahr, die davon ausgeht, wenn sich Verbrecher heutzutage fremder Ausweispapiere bedienen, und dadurch ihre Feststellung erschweren“*[208].

04.10.08 Unterschlagung, Betrug und passive Beamtenbestechung

Walter K., vom Sondergericht als Kaufmann bezeichnet, hatte im ersten Weltkrieg als Soldat und danach beim Freikorps Lettow-Vorbeck als Bataillonsadjutant gedient. Er konnte das Eiserne Kreuz I. und II. Klasse vorweisen, hatte aber keine Berufsausbildung. Seinen Lebensunterhalt verdiente er nacheinander in neun verschiedenen, wie wir heute sagen würden, Jobs, die längste Zeit als Vertreter. Bei dieser Tätigkeit beging er Betrügereien und machte sich zahlreicher Unterschlagungen schuldig. Mehrfach verurteilten ihn Gerichte zu Geld- und Freiheitsstrafen. Als er schließlich wegen seiner Vorstrafen arbeitslos wurde, nahm er Verbindung mit dem Regierungspräsidenten Übelhoer in Litzmannstadt (Łódź) im Warthegau auf, einem früheren Kameraden im Freikorps. Offensichtlich mit dessen Protektion erhielt Walter K. 1941 die gut bezahlte Stelle eines Geschäftsführers der neu gegründeten landwirtschaftlichen Ein- und Verkaufsgenossenschaft in Neu-Skalden bei Kalisch. Doch durch seine fortgesetzte Unredlichkeit brachte er sich bald auch um diese berufliche Position. Er handelte auf eigene Rechnung mit Kartoffeln und Erbsen, obwohl dies zum Geschäftsbereich der Genossenschaft gehörte, und steckte den Gewinn in seine Tasche. Neben dieser Untreue seinem Arbeitgeber gegenüber schrieb er eine Quittung mit gefälschter Unterschrift, um sich von der Genossenschaft 75 RM auszahlen zu lassen.

Trotz einer langen Karriere als Straftäter seit 1932 sah das Gericht wegen der Geringfügigkeit seiner Vergehen noch einmal davon ab, ihn

---

[208] Staatsarchiv Kalisz: Sondergericht Kalisz 1939 – 1944, Nr. 542.

als gefährlichen Gewohnheitsverbrecher einzustufen, was die Todesstrafe bedeutet hätte. Als *„letzte Möglichkeit"* für ihn, *„sich zu einem brauchbaren Menschen zu entwickeln"*[209], verurteilten ihn die Richter zu einem Jahr und 6 Monaten Zuchthaus.

Dieses Urteil gehört zu den wenigen, bei denen das Sondergericht in den untersuchten Urteilstexten die Tat nicht in einen politischen Zusammenhang stellte, sondern die Untreue und den Betrug rein als solche ahndete. Dabei argumentierte das Gericht allerdings im Sinne der nationalsozialistischen Anmaßung, Menschen nach „brauchbar" und „unbrauchbar" zu unterscheiden.

Anders erging es Hans P. Er hatte ebenfalls eine wechselvolle Berufslaufbahn hinter sich, ehe ihm im Warthegau ein Karrieresprung gelang. Zunächst hatte er eine kaufmännische Ausbildung in einer Weinhandlung absolviert. Danach studierte er an der Musikhochschule in Mainz und arbeitete als Chorleiter und Regieassistent. Von 1935 an war er als Hilfsarbeiter, dann als kaufmännischer Angestellter einer Schiffswerft tätig. 1938 wurde er Buchhalter bei der Stadtverwaltung Kiel, um von dort in die Gauverwaltung Schleswig-Holstein der Deutschen Arbeitsfront zu wechseln. Im Warthegau wurde er Hauptstellenleiter der NSV in Gostynin. Von dort bewarb er sich bei der Haupttreuhandstelle Ost, wurde eingestellt und zum Referenten der Industrieabteilung ernannt. Nun hatte er ehemalige, also enteignete polnische Betriebe und ihre kommissarischen deutschen Verwalter zu überwachen sowie den Verkauf dieser Betriebe vorzubereiten. Er war auch befugt, Betriebe zu beschlagnahmen und kommissarische Verwalter abzuberufen.

In dieser Funktion lernte er Hans Lissner kennen, der die Strumpffabrik Holtz erwerben wollte. Von ihm kaufte Hans P. Damenstrümpfe ohne Bezugschein und erbat und erhielt auch eine Bankbürgschaft über 3500 RM für den Kauf eines Autos und ein Darlehen in Höhe von 3000 RM. Das Sondergericht sah diese Leistungen in einem Zusammenhang mit dem Erwerb der Fabrik und verurteilte Josef P. wegen passiver Beamtenbestechung zu neun Monaten Gefängnis. *„Ganz allgemein muß auch berücksichtigt werden, daß gerade in der Kriegszeit und in einem Aufbaugebiet peinlichste Sauberkeit der mit an verantwortlicher Stelle steh-*

---

[209] Staatsarchiv Kalisz: Sondergericht Kalisz 1939 – 1944, Nr. 196.

*henden Männer die erste und unerlässliche Voraussetzung für eine ge-
deihliche, dem allgemein Nutzen dienende Aufbauarbeit ist.* "[210]

Wie die Beispiele von Walter K. und Josef P. zeigen, stand dem „Dritten Reich" für den Aufbau des Reichsgaus Wartheland in annektiertem polnischem Gebiet offensichtlich nicht immer ein hinreichend qualifiziertes und charakterfestes deutsches Personal zur Verfügung.

04.10.09 Nichtbefolgung des Gestellungsbefehls

Zwar sprach der Angeklagte Eduard H. nur polnisch, aber sein Bruder hatte für die ganze Familie einen Antrag auf Aufnahme in die Deutsche Volksliste gestellt und dem war entsprochen worden.[211] Alle Familienmitglieder erhielten zunächst eine Bescheinigung über ihre Deutschstämmigkeit. Der Vorteil für sie bestand darin, dass ihnen Lebensmittelkarten für Deutsche ausgehändigt und sie auch sonst als Deutsche behandelt wurden. Dazu gehörte aber auch die Heranziehung zum Wehrdienst. Vielleicht war es deshalb, dass Eduard H. offensichtlich keinen Wert darauf legte, Volksdeutscher zu sein. Er holte seinen Ausweis nicht ab. Im Mai 1942 leistete er dem Musterungsbescheid nicht Folge, sondern versteckte sich im nahen Wald. Von dort aus beobachtete er, wie ein Beamter der Gendarmerie zu Hause nach ihm suchte und ihn zur Musterung vorführen wollte. Nun floh er, verbarg sich weiter in den Wäldern und erbettelte seinen Lebensunterhalt. Im November 1942 wurde dieses Leben im Freien anscheinend zu hart, denn er kehrte zurück und versteckte sich auf dem Bauernhof seines Bruders. Wenig später fand ihn die Polizei bei der Durchsuchung des Gehöfts unter Heu verborgen in der Scheune. Auf dem Weg zur Vorführung beim Wehrmeldeamt versuchte Eduard H. in einem Waldstück erneut zu fliehen. Ein Schuss des ihn begleitenden Polizeibeamten traf ihn ins Bein. Soweit der durch das Sondergericht festgestellte Sachverhalt.

Bei der Strafzumessung *„sprach zugunsten des Angeklagten neben seiner bisherigen straflosen Führung und seinem Geständnis besonders der Umstand, dass er offenbar seine mehr unbesonnene Tat bereut und sich umgestellt zu haben scheint. Straferschwerend fiel dagegen ins Gewicht, dass der Angeklagte als Volksdeutscher ein sehr trauriges Beispiel*

---

[210] Staatsarchiv Kalisz: Sondergericht Kalisz 1939 – 1944, Nr. 413.
[211] Staatsarchiv Kalisz: Sondergericht Kalisz 1939 – 1944, Nr. 140.

*gegeben hat, [...].**[212]* Doch fand das Gericht in Übereinstimmung mit der Staatsanwaltschaft und mit Sarkasmus einen weiteren Grund, um einen minderschweren Fall annehmen zu können und nicht mit aller Härte vorgehen zu müssen: Die Volksdeutschen kämen im Allgemeinen ihrer Wehrpflicht willig und gern nach. Deshalb habe der Angeklagte vor einer Zuchthausstrafe bewahrt werden können *„und es brauchte ihm so die Möglichkeit nicht ausgeschlossen zu werden, als Soldat sein Deutschtum unter Beweis zu stellen"*[213]. Gleichwohl musste die Gefängnisstrafe doch so bemessen sein, *„dass sie auf ihn nachhaltig, und auf andere, die sich in ähnlicher Versuchung befinden sollten, abschreckend wirkt"*[214]. Derart wohl abgewogen wurde Eduard H. zu drei Jahren Gefängnis verurteilt.

04.10.10 Sexualdelikte

- Unzucht mit einem deutschen Kinde

Die polnische Hausangestellte Stefania F. hatte nach Erkenntnis des Gerichts am 11. Februar 1943 die drei Kinder der deutschen Familie zu betreuen, in der sie angestellt war.[215] Der älteste Junge war vier Jahre alt. Die Mutter der Kinder, Frau Setzer, musste in die Stadt fahren und wollte gegen Abend zurückkehren. Gegen Mittag gab die Hausangestellte den Kindern zu essen und legte die beiden Jüngsten zum Mittagsschlaf in ihre Betten, die im Elternschlafzimmer standen. *„Sie blieb dort mit dem ältesten Jungen, dem sie die Hosen abknöpfte, angeblich, weil er auf den Topf verlangte. Sie zog sich dann ihren Schlüpfer bis zu den Knien herunter, legte sich quer über das eine Ehebett und zog den Jungen auf sich, so daß er zwischen ihren Beinen mit seinem entblößten Geschlechtsteil an ihrem bloßen Geschlechtsteil zu liegen kam. Wider Erwarten kehrte Frau S. schon gegen Mittag nach Hause zurück. Als sie in der übrigen Wohnung niemanden antraf, ging sie in das Schlafzimmer, wo sie die Angeklagte und ihren Sohn Ottmar, wie oben geschildert, vorfand."*[216]

Stefania P. wurde zu vier Jahren Straflager verurteilt. Die Urteilsbegründung der Kammer des Sondergerichts betonte ausdrücklich, der An-

---

[212] A.a.O.
[213] A.a.O.
[214] A.a.O.
[215] Staatsarchiv Kalisz: Sondergericht Kalisz 1939 – 1945, Nr. 379.
[216] A.a.O.

geklagten müsse *„besonders verdacht"* werden, *„dass sie sich als Polin in ihrer Hemmungslosigkeit an einem deutschen Kinde, dessen Vater noch dazu eingezogen ist, in so unverantwortlicher Weise vergriffen hat, um ihre Wollust zu befriedigen"*[217]. Für das Gericht war die Rechtsordnung demnach durch diese Tat auf zweierlei Weise gestört: durch das Verbrechen einer Erwachsenen an dem Kind und zusätzlich durch die unterschiedliche Volkszugehörigkeit der Beteiligten – weil es eine Polin war, die sich an einem deutschen Kind verging. Die Tat wurde also auch als Verstoß gegen die Rangordnung der Völker und Menschen gemäß der nationalsozialistischen Rassenlehre gesehen.

- Geschlechtsverkehr mit einem Deutschen

Die Staatsanwaltschaft hatte Gertrud I., Polin und von Beruf Stenotypistin, angeklagt, im Dezember 1942 *„in mindestens 5 Fällen mit dem Reichsdeutschen Paul K. geschlechtlich verkehrt"* und dadurch *„fortgesetzt handelnd das Ansehen und das Wohl des deutschen Volkes geschädigt"* zu haben.[218] Das hielt die Anklagebehörde nach I Absatz 3 der Verordnung über die Strafrechtspflege gegen Polen und Juden in den eingegliederten Ostgebieten für strafbar.

Gertrud I. war geständig. Da sie sich um eine Aufnahme in die Deutsche Volksliste beworben hatte, zog das Sondergericht im Prozess gegen sie auch diese Akten heran. Aus ihnen ergab sich, dass die Angeklagte *„mindestens zu 25 % deutschstämmig"*[219] sei. Das war nicht hinreichend, um als Volksdeutsche anerkannt zu werden. Sie musste folglich vor Gericht als Polin angesehen werden.

Allerdings hatte Gertrud I. nach dem ablehnenden Bescheid ihr Ziel, Deutsche zu werden, nicht aufgegeben. Beim Rassen- und Siedlungshauptamt der SS in Litzmannstadt (Łódź) hatte sie für sich und ihre Familienangehörigen beantragt, *„rassisch überprüft"* zu werden. Dem Gericht lag ein Schreiben des Rassen- und Siedlungshauptamtes vor, in dem mitgeteilt wurde, diese Überprüfung solle demnächst stattfinden. Das Sondergericht räumte dabei der Angeklagten gute Chancen ein: *„Die Angeklagte macht einen guten persönlichen Eindruck und spricht gut Deutsch. Ihre rassische Überprüfung kann möglicherweise zu ihrer Eindeutschung*

---

[217] A.a.O.
[218] Staatsarchiv Kalisz: Sondergericht Kalisz 1939 – 1944, Nr. 150.
[219] A.a.O.

führen. Unter diesen Umständen besteht jedenfalls zunächst kein öffentliches Interesse, die Angeklagte wegen ihres Geschlechtsverkehrs mit dem Deutschen K[...] zur Rechenschaft zu ziehen.[220] Die Staatsanwaltschaft nahm die Anklage mit Zustimmung des Sondergerichts zurück.

Dieser Verzicht auf Anklage und Verurteilung von Gertrud I. erfolgte damit unter einem Vorbehalt: Die endgültige Entscheidung darüber, ob sie zu bestrafen war oder nicht, wurde vom Ergebnis der „rassischen Überprüfung" abhängig gemacht. Sollte die Eindeutschung erneut abgelehnt werden, könnte die Staatsanwaltschaft wieder Anklage erheben.

Das Gericht verzichtete also nicht deshalb auf eine Verurteilung von Gertrud J., weil es ihr Menschenrecht war, ein intimes Verhältnis mit dem Deutschen einzugehen, sondern einzig deshalb, weil über ihre „rassische" Zuordnung noch entschieden werden sollte und ihre Eindeutschung nicht ausgeschlossen erschien. Sollte sie zur Volksdeutschen „erhoben" werden, entfiel aus dieser Sicht der Vorwurf des unerlaubten Geschlechtsverkehrs. Die Richter des Sondergerichts wandten also die Rassenvorschriften des „Dritten Reiches" an und sprachen in diesem Fall wohlüberlegt „Recht" in einem nicht angezweifelten System rassistischen Unrechts.

04.10.11 Ausbruchsversuch und Sachbeschädigung

Walenty J. wurde wegen des dringenden Verdachts der Beihilfe zur Schwarzbrennerei von Schnaps verhaftet und in den Gemeindearrest von Braszewice eingeliefert.[221] Seine Beteiligung an dem Wirtschaftsvergehen ließ sich aber später nicht nachweisen. In der Zelle fand er ein Holzscheit. Das diente ihm als Werkzeug bei einem Fluchtversuch. Er schlug mit dem Holz gegen die Außenwand seiner Zelle und es gelang ihm, zwei Steine aus der Mauer herauszubrechen. Weiter kam er nicht, weil ein Gendarmeriebeamter ihn daran hinderte. Der festgestellte Sachschaden betrug 20 RM. Weil er also *„als Pole eine Einrichung deutscher Behörden vorsätzlich beschädigt"*, den Schaden allerdings wieder gutgemacht hatte, wurde nach Ansicht des Gerichts eine Strafe von acht Monaten Straflager erforderlich, auch deshalb, *„da gegen Ausbruchsversuche von Polen, deren Überwachung bei dem kriegsbedingten Mangel an Polizei-*

---

[220] A.a.O.
[221] Staatsarchiv Kalisz: Sondergericht Kalisz 1939 – 1944, Nr. 153.

kräften besonders erschwert ist, eindringliche Warnungen durch fühlbare Strafen am Platze sind. " [222]

04.11 Einweisung in eine Heil- oder Pflegeanstalt

Die Polin Kazimiera O., 22 Jahre alt, war bei dem volksdeutschen Ehepaar Palka durchaus zu dessen Zufriedenheit als Dienstmagd beschäftigt.[223] Einige Male aber blieb sie über Nacht ohne Erlaubnis außer Haus. Als sie an einem Morgen zu spät, nämlich erst nach der Fütterung des Viehs, zur Arbeit erschien, stellte Frau Palka sie zur Rede. Der Wortwechsel eskalierte wegen der bestehenden Verständigungsschwierigkeiten zum handfesten Streit. Frau Palka wähnte sich irrtümlich als Hure beschimpft und gab Kazimiera O. eine Ohrfeige und einen Schlag mit einem dünnen Stock. Der Stock zerbrach dabei. Kazimiera O. gebärdete sich wild, schlug mit dem abgebrochenen Teil zurück und verletzte ihre Arbeitgeberin im Gesicht. Auf den herbeigerufenen Mann und dessen Vater ging sie ebenfalls los und warf sich dann weinend, schimpfend und strampelnd auf den Boden. Irgendwann beruhigte sie sich wieder und ging an ihre Arbeit, als wäre nichts geschehen.

Kazimiera wurde von der Staatsanwaltschaft vor dem Sondergericht angeklagt – die gewalttätige deutsche Arbeitgeberin selbstverständlich nicht. Es wurde zudem ein Gutachten über die Zurechnungsfähigkeit der Polin zum Zeitpunkt der Tat eingeholt, weil sie angeblich seit ihrem 14. Lebensjahr an Epilepsie litt. Das Ergebnis war, dass die Anklage zurückgenommen wurde. *„Es kann keine Frage sein"*, so das Gericht, *„dass die Angeklagte schwer zu bestrafen wäre, wenn sie die Tat im zurechnungsfähigen Zustand begangen hätte. Nach dem Gutachten des Gaumedizinalrats Dr. Renfranz, der die Angeklagte 6 Wochen lang in der Gauheilanstalt Warta*[224] *auf ihren Geisteszustand untersucht hat [...], leidet sie aber an genuiner Epilepsie (erblicher Fallsucht) und muss sich während der Straftat in einem epileptischen Verwirrungszustand befunden haben [...]. "* Da es ähnliche Vorfälle bereits früher gegeben hatte und nach Aussage des Gutachters Wiederholungsgefahr bestand, verfügte das Ge-

---

[222] A.a.O.
[223] Staatsarchiv Kalisz: Sondergericht Kalisz 1939 – 1944, Nr. 370.
[224] Laut Wikipedia (2.2.2015) wurden 1939 durch das SS-Sonderkommando Lange 499 Patienten der Nervenanstalt Warta erschossen.

richt *„im Interesse der öffentlichen Sicherheit"*[225] die Einweisung der Angeklagten in eine Heil- oder Pflegeanstalt. Was dies für Kazimiera O. bedeutete, lässt sich nicht festellen. Nach Madajczyk belief sich die Zahl der Euthanasieopfer im besetzten Polen auf 10 000 Menschen.[226]

04.12 Todesurteile

04.12.01 Absehen von der Todesstrafe

Zur Sicherung der politischen Ziele des „Dritten Reiches" und da ein Menschenleben den Machthabern wenig galt, waren Regelverstöße in der NS-Diktatur häufig mit der Todesstrafe bedroht. Die Verordnungen und Gesetze räumten aber jeweils ein, bei einem minderschweren Fall von dieser Höchststrafe abzusehen, gegebenenfalls mildernde Umstände einzubeziehen und stattdessen Freiheitsentzug zu verhängen. Von dieser Möglichkeit machte die Kammer des Sondergerichts Kalisch, der Ferdinand Trümper angehörte, wie bereits dargestellt, mehrfach Gebrauch. So auch im Fall der Volksdeutschen Adele L.[227] Sie wurde wegen fortgesetzten Kriegswirtschaftsverbrechens zu sechs Jahren Zuchthaus verurteilt. Nachdem ihr Mann zur Wehrmacht eingezogen worden war, hatte sie von März bis August 1942, so stellte das Sondergericht fest, dessen unrechtmäßige Geschäftspraxis in der ihm gehörenden Fleischerei fortgesetzt und in dieser Zeit mindestens acht Schweine, sieben Rinder und zwei Kälber über das zugeteilte Kontingent hinaus schlachten lassen, um das Fleisch schwarz zu verkaufen. Dieses die *„allgemeine Ernährungswirtschaft"* beeinträchtigende und daher *„kriegsschädliche Verhalten"*[228] war nach Auffassung der Richter wegen seines großen Umfangs eigentlich mit dem Tode zu bestrafen. Aber die Kammer fand so zahlreiche strafmildernde Gründe, dass deutlich wird, sie wollte die Todesstrafe hier keinesfalls anwenden. Adele L. habe, ohne eine erhebliche eigene Energie zu entwickeln, unter dem Einfluss ihres Mannes nur dessen verwerfliches Handwerk fortgesetzt, ja, sich sogar zunächst dagegen gesträubt. Ihn, der nach Aufdeckung der Schwarzschlachtungen Selbstmord begangen hatte, sah das Gericht als den Hauptschuldigen an. Als Frau dagegen habe sie von Natur aus weniger Hemmungen gegen das rechtswidrige

---

[225] A.a.O.
[226] Madajczyk, Czesław (1988): S. 208.
[227] Staatsarchiv Kalisz: Sondergericht Kalisz 1939 – 1944, Nr. 276.
[228] A.a.O.

Handeln aufzubringen vermocht und wegen einer Schwangerschaft sei sie zusätzlich weniger widerstandsfähig gewesen. Durch mangelhafte Kontrolle der Behörden seien ihr die Schwarzschlachtungen leicht gemacht worden. Als Volksdeutsche habe sie ihr kriegsschädliches Verhalten nicht so übersehen können wie ein besser gebildeter Reichsdeutscher. Sie sei Mutter von zwei kleinen Kindern und habe ihren Mann verloren.

04.12.02 Indirekte Todesurteile

In den Verfahren des Sondergerichts Kalisch, an denen Ferdinand Trümper beteiligt war, wurden insgesamt drei Todesurteile verhängt. Aber auch nach der Verhängung von Freiheitsstrafen hatten die meisten der dazu verurteilten Polen keine Aussicht darauf, je wieder in die Freiheit entlassen zu werden. Vielmehr galt die Regelung, dass sie je nach Dauer ihrer Strafe der Polizei zur Einlieferung in ein Konzentrationslager übergeben werden sollten – mit dem Ziel ihrer „Vernichtung durch Arbeit". Da sie also nicht bis zu ihrem natürlichen Tod überleben sollten, können diese Urteile als indirekte Todesurteile verstanden werden. Es ist nicht nachweisbar, dass Ferdinand Trümper diese Regelung kannte, aber der Posener Generalstaatsanwalt ging davon aus, dass sie den Richtern bekannt wäre.[229]

04.12.03 Todesurteile

Das Sondergericht Kalisch billigte Paul P. keine mildernden Umstände zu.[230] Am 25.5.1943 wurde er zum Tode verurteilt. Am 29. 6. 1943 um 12 Uhr eröffnete ihm ein Staatsanwalt in der Gefängniszelle, sein Gnadengesuch sei von Reichsstatthalter Greiser abgelehnt worden. Die Vollstreckung des Urteils werde um 19 Uhr desselben Tages erfolgen. Die Frage, ob er noch einen Wunsch habe, verneinte der Häftling.

Die Hinrichtung verlief überaus routiniert. Um 19 Uhr betraten die zuständigen Vertreter der deutschen Behörden den Richtraum, unter ihnen ein Staatsanwalt, ein Amtsarzt, ein Oberwachtmeister und ein Justizinspektor als Protokollführer. Ein Geistlicher war nicht dabei. Der mit der Vollstreckung beauftragte Oberwachtmeister meldete dem Staatsanwalt,

---

[229] Siehe Seite 35.
[230] Staatsarchiv Kalisz: Sondergericht Kalisz 1939 – 1944, Nr. 394.

dass das Richtgerät in Ordnung sei und er mit seinen Gehilfen bereitstehe.

„*Darauf*", so das Protokoll der Hinrichtung, „*wurde der Verurteilte Paul P. auf Anordnung des Leiters der Vollstreckungshandlung mit gefesselten Händen unter das Richtgerät geführt, wo ihm auch die Füsse gefesselt wurden. Der Leiter der Vollstreckungshandlung stellte die Personengleichheit des Vorgeführten mit dem Verurteilten fest und ordnete seine Hinrichtung an. Hierauf wurde dem Verurteilten die Schlinge um den Hals gelegt und alsdann die feste Unterlage, auf der er stand, entfernt.*

Um 19,25 Uhr stellte der Amtsarzt den Tod des Hingerichteten fest.

Der Verurteilte war während der Vollstreckungshandlung gefasst und ruhig.

Der Leichnam des Verurteilten wird später abgenommen und eingesargt werden. Er wird alsdann einem Beauftragten der Geheimen Staatspolizei in Kalisch zur Wegschaffung übergeben.

Die Vollstreckung dauerte vom Zeitpunkt der Vorführung bis zur Hinrichtung 8 Sekunden."[231]

Paul P. war nach der Polenstrafrechtsverordnung verurteilt worden. Seine Mutter und seine Schwester galten als „deutschstämmig". Er selbst hatte aber, anders als sie, keinen Antrag gestellt, in die Deutsche Volksliste aufgenommen zu werden. Deshalb hatte das Gericht ihn als Polen behandelt.

Die Liste der P. angelasteten Gesetzesverstöße war lang: versuchter schwerer Diebstahl im Rückfall, Diebstahl im Rückfall in fünf Fällen, schwerer Diebstahl im Rückfall in zwei Fällen, davon in einem Fall in Tateinheit mit Kriegswirtschaftsverbrechen, schwere Falschbeurkundung, schwere Urkundenfälschung in zwei Fällen, Darlehensbetrug in vier Fällen und versuchter Scheckbetrug, Amtsanmaßung, unbefugtes Tragen eines Parteiabzeichens der NSDAP und Unterschlagung.

Ebenso lang war bereits das in der Verhandlung vor dem Sondergericht herangezogene polnische Vorstrafenregister von Paul P. Schon in jungen Jahren, noch vor dem Krieg, war er demnach auf eine schiefe Bahn geraten. 1907 geboren, besuchte er von 1913 bis 1921 die Volksschule. Erst anderthalb Jahre danach begann er eine Lehre als Kupfer-

---

[231] A.a.O.

schmied. Nach der dreieinhalbjährigen Ausbildungszeit wurde er arbeitslos. Zeitweise fand er befristet eine Beschäftigung, zum Beispiel für die Dauer einer Saison in einer Zuckerfabrik. 1928 ging er im Deutschen Reich Gelegenheitsarbeiten nach. 1929 wurde er ausgewiesen, kehrte aber wieder zurück. Von 1932 an hielt er sich seiner Aussage nach ohne feste Beschäftigung bei seinen Eltern auf. Seit 1938 bis zum Beginn des Krieges verbüßte er eine anderthalbjährige Zuchthausstrafe mit anschließender Vorbeugungshaft.

Zwischen 1920 und 1938 stand P. insgesamt elfmal vor polnischen und deutschen Gerichten. Im Alter von 13 Jahren wurde er erstmals zu zwei Tagen Gefängnis verurteilt, weil er einem Schulkameraden gestohlene Zigaretten abgekauft hatte. Allerdings brauchte er diese Strafe nicht zu verbüßen. Seine eigentliche „Karriere" als Straftäter begann 1926, also nach Abschluss der Lehre und in der Zeit vorwiegender Arbeitslosigkeit. Vor allem waren es Einbruchdiebstähle, die ihm Freiheitsstrafen eintrugen, ohne dass er besonders große Beute gemacht hätte. Er entwendete Schuhe, Kleidung, Schmuck und Geld. Aus einem Garten nahm er eine Kinderschaukel mit. Die Spritztour mit dem Auto eines Arbeitgebers wurde ihm als Diebstahl angerechnet. Eine Fahrt nach Deutschland ohne Einreiseerlaubnis und Fahrkarte brachte ihm die Anklage wegen Passvergehens und versuchten Betrugs in Tateinheit mit Hausfriedensbruch ein.

Im September 1939 frei gekommen, so die Darstellung des Sondergerichts, saß er im November desselben Jahres im Untersuchungsgefängnis Meseritz[232] schon wieder in Haft. Mit der Zivilkleidung eines in der Haftanstalt beschäftigten Monteurs konnte er jedoch bald flüchten. In Berlin tat er sich mit einem Deserteur zusammen. Beide schlugen sich als Schwarzfahrer mit der Bahn bis in die Schweiz durch, wo sie am 1. Januar 1940 eintrafen. Der schweizerischen Grenzpolizei gegenüber gab sich P. als der Reichsdeutsche Erich Stabs, geboren am 2.1.1906 in Neuwald, aus. Den Namen und das Geburtsdatum dieser Person hatte er von seinem Begleiter erfahren und führte ihn auch in der späteren Zeit weiter, da er unter seinem richtigen Namen polizeilich gesucht wurde.

Nach einem Aufenthalt im schweizerischen Internierungslager lebte er bis Februar 1941 in Zürich von der Unterstützung eines Komitees für deutsche Flüchtlinge. Als dieses seine Hilfe einstellte, war er bis zum November 1941 in mehreren Arbeitslagern tätig, um schließlich bei der

---

[232] Meseritz, heute Międzyzecz, gehörte ab 1938 zum Regierungsbezirk Frankfurt/Oder.

schweizerischen Polizei einen Antrag auf Rückkehr nach Deutschland zu stellen. Nach dem Grenzübertritt behauptete „Stabs" in Singen, er habe sich kurz vor Beginn des Krieges als deutscher Flüchtling aus Frankreich in die Schweiz gerettet. So erschwindelte er sich einen Rückwandererausweis und erhielt ein Überbrückungsgeld in Höhe von 50 RM sowie Lebensmittelkarten.

In Stuttgart fand er eine Stelle bei Daimler-Benz. Zu Weihnachten besuchte er seine Schwester in Thorn. Das Fahrgeld hatte er von seiner Zimmerwirtin und einer weiteren Frau geliehen. Seiner Schwester entwendete er aus der Handtasche zwei Scheckformulare, stellte sie auf je 200 RM aus, unterschrieb mit ihrem Namen und löste die Schecks bei der Sparkasse in Thorn ein. Den Weihnachtsurlaub nutzte er zudem, um einer jungen Polin unter dem Namen Erich Forster die Ehe zu versprechen und 100 RM als Darlehen von ihr entgegenzunehmen.

Für kurze Zeit kehrte er nach Stuttgart zurück. Aktenkundig wurde darüber, dass er die Behandlung einer Geschlechtskrankheit im Krankenhaus vorzeitig abbrach und auf dem Weg von der Klinik zum Bahnhof in einem Café die Aktentasche eines Beamten an sich nahm. Darin befanden sich Stempel und ein Scheckbuch. Diese Schecks einzulösen gelang P. aber nicht.

In Ostrowo, also wieder im Warthegau, nannte er sich nun Inspektor Erich Stabs, gab sich als Auslandsdeutscher aus der Schweiz aus und kaufte unter Vorlage seines Rückwandererausweises ein Parteiabzeichen der NSDAP. Dieses trug er fortan ständig.

Mitte April 1942 meldete sich P. alias Stabs beim Arbeitsamt in Ostrowo. Als vermeintlichem Deutschen wurde ihm eine Stelle beim Kreiswirtschaftsamt zugewiesen, die er am Montag, dem 21. April 1942, antrat. Doch schon zum 25. April wurde ihm kurzfristig wieder gekündigt. Der Grund: Er hatte sich auf dem Bahnhof von Ostrowo als Polizeibeamter ausgegeben und im Wartesaal die Ausweispapiere deutscher Frauen kontrolliert. Dabei war er von der Bahnpolizei überrascht worden und die Polizisten hatten seine – allerdings falschen – Personalien festgestellt.

Den letzten Arbeitstag im Kreiswirtschaftsamt nutzte P., um mit Nachschlüsseln an Kleiderkarten und Bezugsscheinvordrucke in großer Zahl zu gelangen und einen Teil von ihnen mit Dienstsiegel und Faksimileunterschrift des Abteilungsleiters zu versehen. Auf dem Schwarzmarkt verkauft, ermöglichte ihm diese Beute dem Gericht zufolge ein freizügiges Leben mit Mädchen und Zecherei in Gastwirtschaften. Weitere Diebstähle und Betrügereien folgten, bis P. im Juni 1942 in Berlin endgültig festgenommen wurde.

Das Sondergericht in Kalisch, das über ihn zu entscheiden hatte, setzte sich in seinem schriftlichen Urteil allerdings nicht mit der Frage auseinander, welches Strafmaß als Sühne für die einzelnen Straftaten festzusetzen sei, um daraus ein Gesamturteil zu bilden. Die Maßstäbe des Gerichts für seine Entscheidung über die festzusetzende Strafe waren ganz anderer Art. P. sei *„ein völlig haltloser Mensch, der [...] auf Grund eines unwiderstehlichen inneren Hanges zum Verbrechen"* gehandelt habe, *„ein Schädling und Saboteur der deutschen Ernährungswirtschaft"*, der *„nach seiner Persönlichkeit und seinem bisherigen Leben auch durch hohe Freiheitsstrafe und in der Sicherungsverwahrung nicht mehr zu einem brauchbaren Menschen erzogen werden kann"*[233] und der auch in Zukunft als potentieller Ausbrecher noch eine Gefahr für die öffentliche Sicherheit bilde.

Mit dieser Begründung entzogen die Richter dem Angeklagten das Recht auf Leben. Denn dem sie ihn angesichts seiner Straftaten als einen Menschen mit schlechter Sozialprognose, unbrauchbar und nicht besserungsfähig, einschätzten und als *„gefährlichen Gewohnheitsverbrecher"* klassifizierten, war er nach damaliger Rechtsauffassung *„zum Schutz der Volksgemeinschaft"*[234] nicht anders als mit dem Tode zu bestrafen.

Der todeswürdige Unwert des Paul P. wird im Urteilstext also mit dem Vokabular aus dem Wortschatz des Nationalsozialismus festgestellt. Es wird keine Distanz spürbar zwischen den nationalsozialistischen Rechtsvorgaben und den Überzeugungen der Richter. Die Urteilsbegründung lässt nicht den geringsten Zweifel des Gerichts an seinem Beschluss erkennen. Die drei Juristen der Kammer des Sondergerichts übten damit Rechtsprechung im Sinne der nationalsozialistischen Ideologie aus, welche die „Ausmerzung" von Menschen zum angeblichen Wohl der deutschen „Volksgemeinschaft" für gerechtfertigt ansah.

Die beiden anderen Todesurteile, an denen Ferdinand Trümper beteiligt war, betonten dagegen die gerechtfertigte Sühne der Tat und die erforderlich abschreckende Wirkung der Strafe. Der Arbeiter Johann K., 22 Jahre alt, und der Fleischergeselle Anton W., 25 Jahre alt, waren die

---

[233] Staatsarchiv Kalisz: Sondergericht Kalisz 1939 – 1944, Nr. 349.
[234] A.a.O.

Hauptangeklagten in einem Prozess gegen insgesamt 14 Polen, denen Schwarzschlachtungen, Beihilfe dazu und Schwarzhandel mit Fleisch vorgeworfen wurden. [235] Das Gericht sprach Johann K. für schuldig, etwa 50 Schweine und zwei Kälber ohne Genehmigung geschlachtet zu haben. Anton W. wurde für schuldig befunden, mindestens 13 Schweine unerlaubt geschlachtet zu haben. Für das gleiche Delikt des Schwarzschlachtens hatte W. schon einmal vier Monate Straflagerhaft verbüßt. Für beide Angeklagten ließ das Gericht keine Nachsicht gelten. Sie hätten sich als gewerbsmäßige Schwarzschlachter *„in schwerster Weise gegen die deutsche Kriegswirtschaft auf einem ihrer wichtigsten Gebiete der Ernährung"* vergangen. In Kenntnis dessen, *„dass gewerbsmäßige Schwarzschlächter die härteste Strafe zu erwarten haben"*, hätten sie sich als *„bewusste Saboteure der deutschen Versorgungswirtschaft"* gezeigt und müssten als solche behandelt werden.[236]

Diese Formulierungen lassen erkennen, wie das Gericht auch in diesem Fall eine Wirtschaftsstraftat durchaus politisch betrachtete und abhandelte. Die Taten des Schwarzschlachtens wurden nämlich durch das Gericht differenziert gesehen. Während die deutsche Schwarzschlachterin Adele L. in den Worten des Gerichts gegen die *„allgemeine Ernährungswirtschaft"*[237] verstieß, also gegen die Rationierung von Fleisch, sabotierten die polnischen Schwarzschlachter die *„deutsche Versorgungswirtschaft"*[238], das heißt die Versorgung der deutschen Bevölkerung, indem sie dieses Lebensmittel den Deutschen entzogen. Damit rückte für die Richter in diesem Fall die Wahrung der deutschen Interessen gegenüber den Polen in den Vordergrund.

Milderungsgründe zu Gunsten der beiden Polen ließ das Gericht nicht gelten. Bei dem großen Umfang ihrer Schwarzschlachtungen müssten sie außer Betracht bleiben, also bei dem Angeklagten K. seine Jugend, die bisher straflose Führung und das Geständnis. *„Für den Angeklagten W."*, so das Gericht weiter, *„war sowieso nichts mildernd zu berücksichtigen."*[239] Folglich verhängten die Richter in beiden Fällen die Todesstrafe.

Die Mitangeklagten von Johann K. und Anton W. wurden wegen Beihilfe je nach dem Umfang der nachgewiesenen Tatbeteiligung überwie-

---

[235] Staatsarchiv Kalisz: Sondergericht Kalisz 1939 – 1944, Nr. 569.
[236] A.a.O.
[237] Siehe Seite 99.
[238] Staatsarchiv Kalisz: Sondergericht Kalisz 1939 – 1944, Nr. 569.
[239] A.a.O.

gend zu langjähriger Straflagerhaft verurteilt und mussten auch die Bekanntgabe ihrer Strafen durch öffentlichen Aushang bezahlen.

Ferdinand Trümper hat also an drei Todesurteilen mitgewirkt. Bei 152 Personen, über die er zu Gericht saß, ergibt das eine Quote von zwei Prozent. Am Sondergericht Litzmannstadt lag sie bei sechs Prozent, an anderen Sondergerichten in den annektierten Gebieten sogar erheblich höher. Beim Vergleich der Sanktionspraxis dieser Gerichte auf der Grundlage von Akten im Bundesarchiv kommt Holger Schlüter zu dem Ergebnis: „Vom etwas kleineren Bezirk Kalisch hingegen finden sich deutlich weniger Todesurteile. Dort scheint die Urteilspraxis noch etwas gemäßigter gewesen zu sein."[240]

04.13 Für Recht erkannt?

Eine stets wiederkehrende Formel in den Urteilen des Sondergerichts Kalisch lautete, es habe „für Recht erkannt". So auch in dem letzten Prozess, an dem Amtsgerichtsrat Trümper als beisitzender Richter teilnahm. Verhandelt wurde am 9. September 1943 gegen den Landarbeiter Ksawery P. Das über ihn gesprochene Urteil entsprach den vorherigen des Sondergerichts. Es kann als Ausgangspunkt für eine zusammenfassende Überschau über die Einstellungen und die Urteilspraxis jener Kammer des Sondergerichts Kalisch genommen werden, in der Ferdinand Trümper mitwirkte.

Die Beweiserhebung in dem Prozess gegen Ksawery P. ergab folgenden Sachverhalt: Der 59jährige Angeklagte P. war vom Ortsvorsteher Selent, der jetzt vor Gericht als Zeuge auftrat, zur Arbeit an einem weit entfernten Ort befohlen worden. P. rief ihm deshalb zu: *„Teufel, gib mir ein Fuhrwerk, damit ich fahren kann. Ich habe mir schon die Füße abgerieben."*[241] *Darüber kam es zum Streit. Der Ortsvorsteher, „mit Recht empört über die ungehörige Anrede, stieg vom Rade herunter und fragte den Angeklagten warum er ihn duze. Dieser erwiderte darauf, indem er seine Schaufel von der Schulter nahm und den Stiel vor sich hielt: ‚Hast schon immer eine große Fresse gehabt'. Der Zeuge ließ sich nicht einschüchtern, sondern ging auf ihn zu und schob ihm sein Rad zwischen die Beine. Da hob der Angeklagte seine Schaufel und zwar mit dem Schau-*

---

[240] Schlüter, Holger (o. J.): S. 87.
[241] Staatsarchiv Kalisz: Sondergericht Kalisz 1939 – 1944, Nr. 377.

*felblatt nach oben und schimpfte weiter: ,Wenn ich Dir jetzt eine knalle, dann bleibst Du liegen. Wenn man mich dann hier herausfährt, holt Dich der Teufel auch.' Der Zeuge Selent fasste ihn dabei an der Schulter, drehte ihn ab und sagte: ,Geh los zur Arbeit, dann ist die Sache damit erledigt'. Widerspruchslos wandte sich der Angeklagte ab und setzte seinen Weg fort.''*²⁴²

Die Sache war aber nicht erledigt, sondern kam vor das Sondergericht. Ksawery P. wurde wegen Bedrohung des deutschen Ortsvorstehers in einem privaten Streit und wegen ungebührlichen Verhaltens ihm gegenüber verurteilt. Die Richter folgten damit der Staatsanwaltschaft nicht, welche P. schwerere Vergehen, nämlich eine versuchte Gewalttat und die Bekundung einer deutschfeindlichen Gesinnung, vorwarf. Dennoch hielt das Gericht zwei Jahre Straflager für *„unbedingt geboten, da nur mit empfindlichen Strafen widerspenstige Polen zur Zurückhaltung und Achtung gegenüber dem Deutschtum angehalten werden können. Das gilt besonders in der jetzigen Zeit, in der viele deutsche Männer zur Wehrmacht einberufen sind und oft die Frauen, insbesondere auf dem Lande, ohne den nötigen Schutz sind.''*²⁴³ – Der Ortsvorsteher Selent wurde als Zeuge vernommen. Sein Verhalten rechtfertigte das Gericht als entschlossenes Einschreiten gegen Unbotmäßigkeit des Polen.

Die durch das Gericht für geboten gehaltene *„Achtung gegenüber dem Deutschtum"* meinte nicht Wertschätzung, zum Beispiel deutscher Kultur. Auch die Vorstellung eines Miteinanders von Polen und Deutschen auf der Grundlage gegenseitiger Achtung der Person gehörte nicht zur bekundeten Denkungsart. Vielmehr war das Gegenteil der Fall, sollten doch die Polen davor gewarnt werden, die ihnen gesetzten Grenzen zu überschreiten. Sie sollten wie Ksawery P. den Deutschen als willige Arbeitskräfte zur Verfügung stehen, den deutschen Herrschaftsanspruch respektieren, sich dem Recht des Stärkeren beugen und die eigene Unterdrückung hinnehmen. Achtung der Polen gegenüber Deutschen wurde also als Unterwürfigkeit verstanden und darauf wollte das Gericht durch abschreckende Urteile, durch Ausübung von Terror also, hinwirken. Denn dass die Deutschen als Herren über die Polen anzusehen seien und ihnen Gehorsam und Demut geschuldet werde, war dem Sondergericht dem rassistisch geprägten Tenor seiner Urteile zufolge eine nicht in Frage

---

²⁴² A.a.O.
²⁴³ A.a.O.

gestellte Selbstverständlichkeit. Diese Rangordnung und die daraus resultierende Diskriminierung von Polen wurde durch viele Entscheidungen des Sondergerichts sozusagen gerichtlich bestätigt als rechtmäßiger Zustand.

Der Urteilsspruch gegen Ksavery P. lässt die eigenständige Beurteilung des Falls durch das Gericht erkennen und seine Unabhängigkeit von der Auffassung der Staatsanwaltschaft. Auch wird der Entscheidungsspielraum der Richter deutlich. Die die Widersetzlichkeit des Polen gegen den deutschen Ortsvorsteher nicht als privaten Streit, sondern als Deutschfeindlichkeit auszulegen, hätte durchaus im Rahmen der Urteilspraxis des Sondergerichts gelegen. Aber immerhin hatten die Richter auch in diesem Fall die Verteidigung und den Schutz des Deutschtums im Blick.

Im Hinblick auf das Prozessverfahren ist in den Urteilstexten nicht zu bemerken, dass das Sondergericht Probleme darin sah, wenn den Angeklagten wesentliche Rechte vorenthalten blieben und sie zum Beispiel nicht über den Rechtsbeistand durch einen Verteidiger verfügten. Allerdings bemühte sich das Sondergericht in seinen Verhandlungen, wenigstens teilweise den Anschein eines rechtsstaatlichen Verfahrens durch ein ordentliches Gericht zu wahren. Das zeigt sein Umgang mit zahlreichen Foltervorwürfen, die es entweder als unwahr zurückwies oder trickreich zu umgehen versuchte, um nicht zugegebenermaßen Urteile auf Grund erzwungener Geständnisse zu fällen. Dabei hatte das Gericht gegen die Folterung von Polen zur Erzwingung eines Geständnisses grundsätzlich keine Einwände.

Bestimmte Formen des Verfahrens wurden stets eingehalten. Wie in dem Urteil gegen Ksawery K. gab es in jedem Prozess eine Feststellung des Sachverhalts und eine Würdigung der Beweismittel, die in einigen Fällen auch zur Beschränkung des Anklagevorwurfs oder zum Freispruch führen konnten. Beweismittel waren hauptsächlich Zeugenaussagen, wobei den Darstellungen Deutscher mehr Glaubwürdigkeit zugemessen wurde als denen von Polen und zudem in wenigen Fällen erkennbar wird, wie die Ladung oder Nichtladung von Zeugen offensichtlich im Sinne eines angestrebten Verfahrensergebnisses gehandhabt wurde. Bei der Strafzumessung bezog das Sondergericht strafmildernde und strafverschärfende Umstände jeweils ein und nutzte dabei seine Interpretationsmöglichkeiten. Bei Ksawery P. waren es die Annahme einer einmaligen Entgleisung, sein Geständnis und die gezeigte Reue. Häufig machte das

Gericht so von der Möglichkeit, einen minderschweren Fall festzustellen und nicht die Höchststrafe zu verhängen, Gebrauch. Die aus der Sicht des Gerichts in einigen Urteilstexten mehrfach betonte relative Milde wurde jeweils ausführlich begründet. Das erweckt den Eindruck, als sollten die Urteile gegenüber jenen abgesichert werden, die eine härtere Bestrafung für angebracht gehalten hätten.

Die Höhe einer Strafe wurde, wie auch im Urteil gegen Ksawery P., nicht nur bestimmt nach der erkannten Schwere der Schuld und dem Ziel der Belehrung und Besserung des Angeklagten, sondern sie wurde oft nach dem Abschreckungs- und Terrorbedarf zum Schutz der deutschen Besatzungsmacht bemessen. Es galt das Recht der Sieger gegenüber den Besiegten. Auch die Einschätzung der Person als *„Volksschädling"* oder *„gefährlicher Gewohnheitsverbrecher"* konnte über die Strafe entscheiden. Bei der Bewertung der Urteile sind auch deren Folgen einzubeziehen. Der zu zwei Jahren Straflager verurteilte Ksawery P. hätte den getroffenen Regelungen, welche die schließliche Einlieferung in ein Konzentrationslager vorsahen, ohne die Niederlage der Deutschen keine Chance gehabt, je wieder frei zu kommen.

Das Sondergericht Kalisch war ein politisch urteilendes Strafgericht mit einer durch die nationalsozialistische Ideologie und Propaganda geprägten Weltsicht. Insbesondere hatte es sozialdarwinistische Vorstellungen vom „Volkstumskampf" und die Beurteilung der Polen als „Untermenschen", also rassistische Denkweisen, verinnerlicht. Nur in ganz wenigen Verfahren wegen allgemeiner Straftaten war die nationalsozialistisch geprägte Weltsicht des Gerichts bedeutungslos. In Verfahren wegen Wirtschaftsstraftaten urteilte es auf der Grundlage der Kriegswirtschaftsverordnung zum Schutz der deutschen Kriegswirtschaft. Die sogenannte „innere Front" verteidigte das Sondergericht mit seinen Urteilen zu Äußerungsdelikten – vom Erkenntnisniveau der Propaganda des NS-Staates her, etwa wenn es die Wehrmachtsberichte als zuverlässige und nicht in Zweifel zu ziehende Wahrheit betrachtete. So waren die Richter des Sondergerichts eingebunden in die nationalsozialistisch geprägte Lebenswirklichkeit.

Die Urteile des Sondergerichts Kalisch, meistens sehr hart, manchmal etwas abgemildert, waren nur im Rahmen der nationalsozialistischen Weltsicht und des NS-Rechtssystems „gerecht", aber eben nur in diesem Rahmen. Sie entsprachen der von der deutschen Besatzungsmacht im Warthegau installierten Ordnung, die jedoch eine Unrechtsordnung war.

Das Sondergericht Kalisch wandte fern aller tatsächlichen Gerechtigkeit Un-Recht an, zum Beispiel die Polenstrafrechtsverordnung. Mit seinen Urteilen wirkte es als Institution zur Durchsetzung der Herrschaft und der Ziele des NS-Staates. Dieses Gericht war williger Teil des verbrecherisch handelnden nationalsozialistischen Unterdrückungsapparates, eine staatlich-kriminelle Institution. Die Richter handelten kollektiv als Täter der NS-Diktatur. Aber sie nahmen mit einer stets wiederkehrenden Urteilsformel in Anspruch, „für Recht erkannt" zu haben.

05 Ferdinand Trümper und die Urteile des Sondergerichts Kalisch

Das schriftliche Urteil des letzten Verfahrens, an dem Ferdinand Trümper am 9. September 1943 in Kalisch mitwirkte, unterschrieben zu einem späteren Zeitpunkt nur noch seine beiden Richterkollegen, Landgerichtsdirektor Dr. Müller als Vorsitzender und Landgerichtsrat Gosewisch als weiterer Beisitzer. Unter der Unterschrift von Dr. Müller steht als Vermerk: „Zugleich für den zur Wehrmacht einberufenen und aus Kalisch abwesenden Amtsgerichtsrat Trümper."[244] Das änderte aber nichts an der Rechtskraft dieses Urteils, denn es war ja bereits mit seiner mündlichen Verkündung rechtskräftig geworden.

Mit der fehlenden Unterschrift verbindet sich eine Frage: Hätte Amtsgerichtsrat Trümper im Fall seiner Anwesenheit dieses Urteil unterschrieben? Die Antwort ist spekulativ, aber sie ist einfach und plausibel zu geben. Das Urteil fällt nicht aus dem Rahmen der Argumentationsweise und Urteilspraxis des Sondergerichts Kalisch. Der Richter aus dem Eichsfeld hätte es zweifellos ebenso unterschrieben wie schon 94 andere Urteile zuvor.

Seine Unterschriften unter diesen Urteilen bestätigen die Mitverantwortung Ferdinand Trümpers. Es ist damit allerdings zunächst eine kollektive Mitverantwortung festgestellt. Die Unterschrift besagt in keinem einzelnen Fall etwas darüber, welches der Anteil Ferdinand Trümpers an dem jeweiligen Urteil war, ob er also in der Beratung des Richterkollegiums den Angeklagten für schuldig und die Strafe für angemessen befunden hatte oder nicht. Diese Beratungen waren geheim. Es gibt keine Mög-

---

[244] Staatsarchiv Kalisz: Sondergericht Kalisz 1939 – 1944, Nr. 377.

lichkeit herauszufinden, wie Trümper jeweils argumentierte, wofür er plädierte und wie er am Ende abstimmte. Ob zum Beispiel die gegen Ksawery P. ausgesprochene Straflagerhaft von zwei Jahren im Richterkollegium mit Trümpers Zustimmung beschlossen wurde oder gegen seine Stimme, lässt sich nicht feststellen. Aber es lässt sich das derart abgeschirmte Verhalten dennoch weiter erhellen. Das ist in einem ersten Schritt sehr vage möglich durch die Einbeziehung von allgemeiner Erfahrung und Überlegung. Es muss nämlich als äußerst unwahrscheinlich eingestuft werden, dass ein Richter des Sondergerichts über zehn Monate hinweg eine Oppositionsrolle im Richterkollegium eingenommen und die ausgesprochenen Urteile in großer Zahl abgelehnt hätte. Dadurch wäre er zwar persönlich nicht in Gefahr geraten. Kein Richter wurde im NS-Staat wegen eines Urteils, das er gefällt hatte, belangt. Aber es ist doch anzunehmen, dass ein Richter in einem solchen angenommenen Fall nicht fast ein Jahr lang als Beisitzer in der Kammer des Sondergerichts geduldet, sondern abgezogen worden wäre.

Das Schlimmste, was ihm hätte passieren können, wäre die Aufhebung seiner Unabkömmlichkeits-Stellung und folglich die Einziehung zur Wehrmacht gewesen. Die tatsächliche Einberufung Trümpers im September 1943 kann jedoch nicht stichhaltig in der Weise ausgelegt werden, sie sei wegen unbotmäßigen Verhaltens erfolgt. Denn nicht nur er wurde vom Sondergericht Kalisch in die Wehrmacht einberufen. Es ist daher auch ein ganz anderer Grund in Betracht zu ziehen. Nach Angaben Schlüters auf der Grundlage der im Bundesarchiv vorhandenen Gerichtsakten, die allerdings nur ein Teil der in Kalisz überlieferten Dokumente ausmachen, ging nämlich die Zahl der vor dem Sondergericht Kalisch verhandelten Fälle 1943 drastisch zurück – von jeweils etwa hundert in den drei Vorjahren auf nur noch 40 im Jahr 1943.[245] Der Grund dafür war, dass die Polizeistandgerichte ihre Tätigkeit ab 1942 erheblich ausweiteten und viele Fälle an sich zogen. Mit dem abnehmenden Arbeitsanfall sank natürlich auch der Bedarf an Richtern. – Eine Anfrage bei der „Deutschen Dienststelle für die Benachrichtigung der nächsten Angehörigen von Gefallenen der ehemaligen deutschen Wehrmacht" ergab, dass den dort vorhandenen Unterlagen über Ferdinand Trümper nicht zu entnehmen ist, weshalb sein Zugang zur Wehrmacht erfolgte – ob aufgrund einer freiwilligen Meldung oder einer fälligen Einberufung, weil er zu dieser Zeit als Soldat mehr gebraucht wurde denn als Richter in Kalisch.

---

[245] Schlüter, Holger (o. J.): S. 81.

Die Personalakte Trümpers enthält allerdings einen sehr deutlichen und aussagekräftigen Hinweis auf die Art und Weise seiner Mitarbeit am Sondergericht Kalisch. Es handelt sich dabei um das bereits erwähnte letzte dienstliche Zeugnis von 1944. Ausgestellt wurde dieses Zeugnis von eben dem Landgerichtsdirektor Dr. Müller, der jener Kammer des Sondergerichts Kalisch vorsaß, in welcher Ferdinand Trümper Beisitzer war. Dr. Müller konnte also über die Tätigkeit Trümpers am Sondergericht Kalisch aus direkter persönlicher Erfahrung genaue Auskunft geben:

„Beurteilung
Herr Amtsgerichtsrat Trümper war vom 16.11.1942 bis 18.9.1943 Mitglied des Sondergerichts Kalisch. Er hat sich in seinen neuen Aufgabenkreis rasch eingearbeitet und in guter Zusammenarbeit sich in die Linie der Rechtsprechung des Sondergerichts voll eingefügt. Er hat ein erfreuliches Verständnis für alle Fragen der Strafrechtspflege im Kriege gezeigt, insbesondere auch, soweit sie auf dem Gebiet des Volkstumskampfes liegen. Er besitzt Geschick in der Erfassung des Sachverhalts, die erforderliche Sicherheit in der rechtlichen Beurteilung sowie die nötige Härte bei der Strafzumessung, ohne in Übertreibungen zu verfallen. Sein Verständnis für wirtschaftliche Fragen verdient hervorgehoben zu werden. Bei der Abfassung der Urteile, und zwar auch in schwierigen Sachen, zeigt er Gründlichkeit, Gewandtheit und Klarheit im Ausdruck.
Seine Gesamtleistungen sind als befriedigend zu bezeichnen. Sein Verhalten im Dienst und außerhalb war in jeder Hinsicht einwandfrei."[246]

Wenn Ferdinand Trümper bescheinigt wurde, er habe sich in die Linie der Rechtsprechung des Sondergerichts *„voll eingefügt"*, dabei *„erfreuliches Verständnis"* für die Fragen der Strafrechtspflege im Kriege und insbesondere auch auf dem Gebiet des *„Volkstumskampfes"* gezeigt und außerdem ohne Übertreibungen die *„nötige Härte bei der Strafzumessung"* bewiesen, dann reiht sich dieses Zeugnis widerspruchslos unter diejenigen ein, in denen andere Vorgesetzte Trümper politische Zuverlässigkeit und volles Verständnis für die Besonderheiten des Warthelandes bescheinigt hatten. Er leistete also in seiner Funktion als Richter einen Beitrag zur inneren Absicherung der nationalsozialistischen Herrschaft im „Dritten Reich" und war auch beteiligt an dem Beitrag der Justiz zu den rücksichtslosen, von Rassendünkel bestimmten Germanisierungsbe-

---

[246] Staatsarchiv Poznań: Landgericht Posen Nr. 285.

mühungen zu Lasten und zum Unglück von Polen. Mit der Verfolgung von Juden war er nicht befasst.

Ferdinand Trümper hatte sich beruflich in den Dienst des NS-Staates gestellt. Ob das seiner innersten Gesinnung entsprach? Ob das zitierte Dienstzeugnis vielleicht die Maske eines Richters beschrieb, der anders handelte als er insgeheim dachte? Das lässt sich nicht völlig ausschließen und ist eine Frage an den Menschen Ferdinand Trümper, die jedoch hier nicht weiter verfolgt werden kann und die an dieser Stelle auch nicht von Bedeutung ist. Entscheidend ist hier, was er als Richter getan hat. Gehandelt hat er als Mit-Täter der NS-Zeit. Er hat, wie die Urteile des Sondergerichts Kalisch ausweisen, „im Namen des Deutschen Volkes" Menschen großes Unrecht zugefügt.

07 Entnazifizierung

Die alliierten Siegermächte hatten sich eine politische Säuberung in Deutschland zum Ziel gesetzt. In den drei Westzonen wurden mehrere Millionen Menschen einem Entnazifizierungsverfahren unterzogen und die Betroffenen in fünf Kategorien eingeteilt: I. Hauptschuldige, II. Belastete, III. Minderbelastete, IV. Mitläufer und V. Entlastete.

Ferdinand Trümper ist ein Beispiel für das weitgehende Misslingen dieser eigentlich unerlässlichen Maßnahme. Es gelang ihm, 1948 den mit deutschem Personal besetzten Entnazifizierungsausschuss im Kreis Duderstadt davon zu überzeugen, er sei nur *„nominelles Parteimitglied und ausgesprochener Nazi-Gegner"*[247] gewesen. Deshalb wurde er in Kategorie V eingestuft, also als „Entlasteter".

Trümper hatte im Entnazifizierungsverfahren einen umfangreichen Fragebogen auszufüllen, zusätzliche Erläuterungen abzugeben, und er konnte eidesstattliche Erklärungen von Zeugen beifügen, von Honoratioren aus Duderstadt, die ihm bescheinigten, kein überzeugter Nationalsozialist gewesen zu sein. Solche Zeugnisse wurden damals als „Persilscheine" bezeichnet, als Dokumente also, die der Reinwaschung dienten. Erklärungen von Arbeitskollegen im Warthegau legte er nicht vor.

---

[247] HStA Hannover: Hann. 171 Hild. 21382.

In dem zur Entnazifizierung auszufüllenden Fragebogen und den Erläuterungen dazu gab Trümper seine Mitgliedschaft in der NSDAP, in der Nationalsozialistischen Volkswohlfahrt (NSV) und im Nationalsozialistischen Richterbund an, ebenso, dass er zeitweise Ortswalter der NSV gewesen war. Seine Tätigkeit für das Rassenpolitische Amt der NSDAP nannte er nicht. Zu seiner beruflichen Arbeit im Warthegau führte er aus, er sei vom 16.4.1941 bis zum 17.9.1943 als Assessor bzw. Amtsgerichtsrat *„zum Aufbau von Justizbehörden im Oberlandesgerichtsbezirk Posen abgeordnet"*[248] gewesen. Diese Formulierung erweckt den Eindruck, bei seiner Tätigkeit habe es sich um die Erfüllung einer harmlosen, ja positiv zu bewertenden Verwaltungstätigkeit gehandelt, da doch ein funktionierendes Gerichtswesen eine prinzipiell wichtige gesellschaftliche Institution darstellt. Tatsächlich war der organisatorische Aufbau der Gerichte im Warthegau bereits im Sommer 1940 abgeschlossen[249], also bereits bevor Trümper seinen Dienst dort antrat. Er war nicht beim Aufbau von Justizbehörden, sondern vielmehr als Richter in Strafprozessen an bereits bestehenden Gerichten tätig. Sein Wirken am Sondergericht Kalisch ließ er unerwähnt, eine Unwahrheit in Form einer Auslassung, die aus seiner Sicht verständlich ist, ging es doch um seine künftige berufliche Existenz.

In dem Entnazifizierungsverfahren Trümpers fragte niemand kritisch nach. Dabei hätte es auch in Duderstadt durchaus Anhaltspunkte für Nachfragen zu seiner Tätigkeit im Warthegau gegeben. Der Duderstädter Journalist Alfons Schmalstieg hatte zum Beispiel während des Krieges den Warthegau besucht und in der lokalen „Südniedersächsischen Zeitung – Eichsfeldische Post" in einer umfangreichen Artikelserie über seine Reise und dabei ganz offen und zustimmend über die Ziele und Verbrechen des NS-Staates in dem neuen Reichsgau berichtet. Unumwunden hatte er die Annektion fremden Staatsgebietes benannt. Litzmannstadt und Kalisch *„seien niemals deutsch, sondern immer russisch oder polnisch verwaltet"*[250] worden. Und er hatte in seiner Berichterstattung auf die Aufgabe hingewiesen, die seiner Darstellung nach darin bestand, *„in diesem gesamten Gebiet den Raum ganz mit Deutschen zu besiedeln, die Judenpest auszurotten und das polnische Volkstum zunächst in die dienende Rolle zu verweisen mit dem Endziel der gänzlichen*

---

[248] A.a.O.
[249] Becker, Maximilian (2014): S. 68.
[250] „Litzmannstadt vor neuen Aufgaben", Südniedersächsische Zeitung – Eichsfeldische Post vom 9.11.1940.

Entfernung aus diesem Raum".[251] Über die ökonomische Seite dieser „Eindeutschung" hatte Schmalstieg berichtet: *„Ganz schwierig war auch der Neuaufbau der Wirtschaft. Hier war die wichtigste Maßnahme die Ausscheidung der Juden aus dem allgemeinen Wirtschaftsleben. Schrittweise mußte die plötzliche Ausschaltung der 29000 Judenbetriebe und unzuverlässiger Polen ausgeglichen werden"*[252] – durch Übergabe dieser Betriebe an Deutsche, und zwar zunächst treuhänderisch. Die Schaffung eines jüdischen Wohnbezirks – also eines Ghettos – für 100000 Juden hätte sich, wie Schmalstieg schrieb, zum Segen für Litzmannstadt ausgewirkt. Dass, worüber er derart zustimmend schrieb, Verbrechen waren, kam dem Duderstädter Journalisten Schmalstieg nicht in den Sinn, und vielen seiner Leserinnen und Leser vielleicht auch nicht.

Zeitgenössische Zeitungsleser, die erlebt hatten, wie die Juden in Deutschland – auch in Duderstadt – verfolgt worden waren, und die jene von Schmalstieg aus dem Warthegau beschriebenen Aufgaben und Taten bis hin zur „Entfernung der Polen" und „Ausrottung der Judenpest" nicht als selbstverständlich gerechtfertigtes Handeln wahrnahmen und die Augen vor dem Unrecht nicht verschlossen, konnten also selbst im Eichsfeld aus öffentlich zugänglichen Informationen durchaus eine Vorstellung davon gewinnen, welche Untaten das „Dritte Reich" im Warthegau beging und weiter plante. Mögliche Kenntnisse darüber hätten Anlass genug geboten, im Entnazifizierungsverfahren konkret danach zu fragen, welche Aufgaben genau der Richter Ferdinand Trümper im Warthegau erfüllt hatte.

Nicht zu zweifeln ist an den Angaben Trümpers und derer, die sich im Entnazifizierungsverfahren für ihn verbürgten, soweit sie sich auf seine politische Tätigkeit vor der „Machtergreifung" der Nationalsozialisten im Jahr 1933 beziehen: Von 1926 an nahm er als aktives Mitglied der Zentrumspartei an Wahlkämpfen teil und trat als Redner auf. Für die Südhannoversche Volkszeitung, ein Zentrumsblatt, schrieb er Artikel. Gemeinsam mit dem Duderstädter Stadtkaplan Neisen warb er in den Dörfern des Ober- und Untereichsfeldes für die Kirchenzeitung und beteiligte sich daran, bei einer Bibelaktion 13000 Bibeln an Familien zu verteilen. Ende 1932 wirkte er in einer Bezirksvorstandssitzung des katholischen Sportverbandes DJK an einem Beschluss mit, in dem die Bischöfe gebeten

---

[251] A.a.O.
[252] A.a.O.

wurden, dahin zu wirken, dass alle katholischen Nationalsozialisten der Exkommunikation verfallen sollten. Das war jedoch zu einer Zeit, als die deutschen katholischen Bischöfe den Nationalsozialismus noch verurteilten und für unvereinbar mit dem katholischen Glauben erklärten, bevor sie im März 1933 eine Kehrtwende vollzogen und unter ausdrücklicher Berufung auf ihr bischöfliches Amt die Katholiken in einem gemeinsamen Hirtenwort zur Mitwirkung im neuen, nämlich nationalsozialistischen Staat aufriefen: *„Für die katholischen Christen, denen die Stimme ihrer Kirche heilig ist, bedarf es auch im gegenwärtigen Zeitpunkte keiner besonderen Mahnung zur Treue gegenüber der rechtmäßigen Obrigkeit und zur gewissenhaften Erfüllung der staatsbürgerlichen Pflichten ..."*[253] Die Rechtmäßigkeit des nationalsozialistischen Regimes wurde von den deutschen katholischen Bischöfen also nicht angezweifelt, sondern nachdrücklich bestätigt. In grundsätzlicher Opposition zum „Dritten Reich" zu stehen oder gar Widerstand zu leisten, bedeutete folglich von da an für einen Katholiken zugleich Ungehorsam gegenüber der eigenen Kirche. Von Ferdinand Trümpers kirchlichem Engagement vor der sogenannten Machtergreifung der NSDAP her kann also bei ihm nicht auf eine auch nach 1933 fortgesetzte Gegnerschaft gegen den Nationalsozialismus und den nationalsozialistischen Staat geschlossen werden.

Für die Jahre des „Dritten Reiches" enthalten die Angaben Trümpers gegenüber dem Entnazifizierungs-Ausschuss eine bunte Mischung von Zutreffendem, von Ungereimtheiten, von Halbwahrem und Falschem. Zu seiner Mitgliedschaft in der SA erklärte er, zwangsweise aus dem Stahlhelm übernommen und schon nach vier Monaten wegen Interesselosigkeit ausgeschlossen worden zu sein, weil er sich geweigert habe, eine SA-Uniform anzuschaffen und Beiträge zu zahlen. Dass sich Ferdinand Trümper im August 1933 nach der Übernahme in die SA in finanziellen Schwierigkeiten befand und sich nicht ohne weiteres eine neue SA-Uniform leisten konnte, kann als zutreffend angenommen werden. Aber die Behauptung eines Ausschlusses aus der SA im Dezember 1933 findet sich in der Personalakte nicht bestätigt. Die schriftliche Beurteilung durch das „Gemeinschaftslager Hanns Kerrl", in dem Trümper 1935 mehrere Wochen verbrachte, erwähnt seine Übernahme in die SA. Dieser Vorgang stellte also ein wichtiges Beurteilungsmerkmal dar. Ein Austritt aus der SA, ein Ausschluss gar, wäre von der Lagerführung gewiss als nicht we-

---

[253] Kundgebung der deutschen Bischöfe vom 28. März 1933, zitiert nach Denzler/Fabricius 1984, S. 43.

niger bemerkenswert und die Person charakterisierend betrachtet worden. Entweder fand also der Ausschluss nicht statt, oder Trümper hat ihn 1935 im „Gemeinschaftslager Hanns Kerrl" zu verbergen gewusst.

Mutmaßlich zutreffend gab Trümper im Entnazifizierungsverfahren an, in die NSDAP eingetreten zu sein, um in den Staatsdienst übernommen zu werden. Dass er im Oktober 1939 die Aufnahme in die NSDAP beantragte, in die er 1940 aufgenommen wurde, deutet vom Zeitpunkt her auf opportunistische Gründe hin. „Ein Zwang, der NSDAP beizutreten, bestand nicht. Kein Jurist hat sein Amt verloren, weil er kein Parteigenosse war. Erst ab 1939 wurde die Mitgliedschaft in der Partei oder einer ihrer Gliederungen Voraussetzung für eine Neueinstellung als Richter (…)".[254] Ferdinand Trümper wollte als Richter eingestellt werden.

Widerlegbar ist aber die Behauptung Ferdinand Trümpers im Entnazifizierungsverfahren, seine Vorgesetzten hätten ihn für politisch unzuverlässig gehalten. Tatsächlich sahen diese Vorgesetzten keinen Anlass, an seiner nationalsozialistisch-politischen Zuverlässigkeit zu zweifeln. In ihren dienstlichen Beurteilungen bescheinigten sie ihm mit unterschiedlichen Formulierungen mehrfach, seine Einstellungen seien einwandfrei und staatsbejahend, also den NS-Staat bejahend, und er sei für die NSDAP politisch aktiv gewesen. Wenn er, wie ihm zugerechnet wurde, den besonderen Aufgaben im Warthegau aufgeschlossen gegenüberstand, lässt sich von dieser Haltung her eher eine Verbindungslinie ziehen zu seiner Tätigkeit für das Rassenpolitische Amt der NSDAP als zu der im Entnazifizierungsverfahren behaupteten politischen Unzuverlässigkeit im NS-Staat.

Zutreffend ist allerdings, dass die Duderstädter Parteigenossen 1941 im Rahmen seiner Bemühungen um die Ernennung zum Amtsgerichtsrat eine äußerst negative Stellungnahme abgaben. Aber es wurde, anders als von Trümper im Entnazifizierungsverfahren behauptet, kein Parteiausschlussverfahren gegen ihn gefordert oder eingeleitet. Das konnten seine Gegner in der Duderstädter NSDAP überhaupt nicht tun, weil sie ihrer Kenntnis nach bemängelten, er sei kein Parteigenosse Wer kein Parteimitglied war, konnte logischerweise nicht ausgeschlossen werden. Vielmehr war es Ferdinand Trümper selbst, der 1942 erklärte, ein Parteiverfahren anstreben zu wollen, und zwar ein Ehrengerichtsverfahren, um

---

[254] Schlüter, Holger o. J.: S. 30.

gegen ihn erhobene Vorwürfe zurückzuweisen.[255] Dazu aber kam es offensichtlich nicht.

Als Gründe für das angeblich gegen ihn angestrengte Parteiausschlussverfahren nannte Trümper dem Entnazifizierungsauschuss unter anderem, dass er nicht mit dem Hitlergruß gegrüßt und kein Parteiabzeichen getragen habe. Einen Verstoß gegen die Grußpflicht jedoch hätten Trümpers Vorgesetzte gewiss nicht durchgehen lassen; ihre Zeugnisse wären anders ausgefallen. Keinesfalls hätte Landgerichtsdirektor Dr. Müller bescheinigt, Trümpers Verhalten im Dienst und außerhalb des Dienstes wäre in jeder Hinsicht einwandfrei gewesen. Und Trümpers Behauptung, dass er kein Parteiabzeichen getragen habe, was ebenso wie die angebliche Verweigerung des Hitlergrußes bedeuten sollte, er habe sich als Oppositioneller öffentlich distanziert zum Nationalsozialismus verhalten, wird widerlegt durch die Tatsache, dass er selbst die Anschaffung einer Parteiuniform für sich beantragt hatte.

Als weiteren Grund für das angebliche Ausschlussverfahren gab Trümper im Entnazifizierungsverfahren seine kirchliche Trauung an. Die NSDAP-Kreisleitung Duderstadt hatte ihm aber die kirchliche Trauung überhaupt nicht vorgeworfen. Der Vorwurf lautete vielmehr, er habe sich standesamtlich trauen lassen, um eine Trennungsentschädigung zu beziehen, ohne sich in den Monaten bis zur kirchlichen Trauung als verheiratet betrachtet zu haben. Folglich sei er mit der standesamtliche Trauung eine Scheinehe eingegangen und habe den Staat geschädigt. Das war also ein Betrugsvorwurf, der gegen Ferdinand Trümper ausgesprochen wurde und den er zu widerlegen hatte, und nicht der Vorwurf kirchentreuen Verhaltens. Wenn also Ferdinand Trümper im Entnazifizierungsverfahren fälschlich die kirchliche Trauungszeremonie als einen Anlass seiner Bedrängung durch die Duderstädter Parteigenossen darstellte, erhob er nachträglich und unzutreffend die kirchliche Eheschließung und damit seine Religiosität als Katholik zum Beweis *„seiner Gegnerschaft gegenüber dem Nazismus“.*[256] Diese Darstellung Trümpers wurden vom Entnazifizierungsausschuss akzeptiert, obwohl der so kurz nach dem Ende des „Dritten Reiches" noch aus eigenem Erleben hätte wissen können, was die wissenschaftliche Forschung auch heute feststellt: „Die meisten Deutschen konnten […] beides mit ihrem Gewissen vereinbaren: Ihren Glau-

---

[255] Siehe S. 25.
[256] HstA Hannover: Hann. 171 Hild. 21382.

ben an den ‚Führer' und den Nationalsozialismus sowie ihren Glauben an Gott und die Zugehörigkeit zu einer christlichen Kirche."[257]

Noch weitere Behauptungen Trümpers im Entnazifizierungsverfahren sind mit begründbarem Zweifel zu betrachten: Er erklärte dem Entnazifizierungsausschuss, sich verbotswidrig von sich aus zur Wehrmacht gemeldet zu haben. Vielleicht aber war es ganz anders. 1943 begann in den annektierten Ostgebieten eine allmähliche Schließung von Kammern und Gerichten der Justiz, zum einen wegen vieler Einberufungen zur Wehrmacht, zum andern, weil die Polizeistandgerichte viele die „Fremdvölkischen" betreffende Strafverfahren an sich zogen.[258]

Ferdinand Trümper begründete seine angeblich verbotswidrige Meldung zur Wehrmacht mit dem Bestreben, wieder „eine gewisse persönliche Freiheit zu erlangen".[259] Und er reichte dazu das Zeugnis eines Duderstädter Einwohners ein, in dem es hieß, er habe häufig geklagt, dass er „den seelischen Druck, unter der Nazi-Herrschaft Beamter sein zu müssen, kaum aushalten könne".[260] Diese Darstellung ist aber schwer vereinbar mit einer erneuten Bewerbung Trümpers im Jahr 1944 von der Wehrmacht aus für das Amt eines Richters, also doch wieder auf eine Beamtenstelle unter der Nazi-Herrschaft – wenn auch nicht an einem Sondergericht, sondern auf eine freigewordene Stelle am Amtsgericht Duderstadt.[261] Diesen Vorgang verschwieg Trümper dem Entnazifizierungsausschuss und vermied so Widersprüchlichkeiten in seinen Angaben, nämlich den Hinweis darauf, dass die Tätigkeit als Beamter im NS-Staat sein Gewissen doch nicht in dem Maße belastet haben konnte, wie er es später behauptete.

Ein anderer Duderstädter bescheinigte, Ferdinand Trümper habe mit ihm „bei jedem Urlaub die Möglichkeit überlegt, von seinem Dienst wieder loszukommen, da er als überzeugter Katholik die dortigen nationalsozialistischen Methoden keinesfalls mitmachen wollte, zumal er auch bei seinen Vorgesetzten wegen seines offenen Glaubensbekenntnisses wenig beliebt war, wie er mir ebenfalls öfters erzählt hat. [...] Trümper ist niemals, wie ich weiss und überzeugt bin und jederzeit mit meinem Eide

---

[257] Nolzen, Armin (2011): S. 172.
[258] Becker, Maximilian (2014): S. 50.
[259] HstA Hannover: Hann. 171 Hild. 21382
[260] A.a.O.
[261] A.a.O.

bekräftigen kann, Nationalsozialist gewesen. "[262] Das steht im Widerspruch zu Trümpers Tätigkeit in der NS-Justiz und zu den durchweg wohlwollenden dienstlichen Beurteilungen seiner Vorgesetzten, die ihn als zuverlässigen nationalsozialistischen Richter charakterisiert hatten.

Die Religiosität als Katholik konnte für Ferdinand Trümper im Warthegau allerdings mit einem Problem behaftet gewesen sein. Die kirchliche Bindung der Juristen dort war nicht sonderlich eng. Etwa ein Viertel von ihnen war aus der Kirche ausgetreten und bezeichnete sich als „gottgläubig". Das war ein Anteil, der um das Zehnfache höher lag als unter den Juristen im Altreich[263] und lässt sich wohl mit der die Religionsgemeinschaft stark einschränkenden nationalsozialistischen Kirchenpolitik in diesem Reichsgau erklären. Von daher ist es durchaus denkbar, dass es die von Ferdinand Trümper im Entnazifizierungsverfahren berichtete Vorhaltung des Posener Oberlandesgerichtspräsidenten wegen seiner Religionszugehörigkeit tatsächlich gegeben hat, zumal sie nationalsozialistisches Volkstumsdenken einbezog: „Katholisch ist hier gleich polnisch."[264] Dass Trümper standhaft und Katholik blieb, hatte ausweislich der Personalakten keinen Einfluss auf seine Karriere als Richter.

Was auch immer Ferdinand Trümpers innere Einstellung war, zusammenfassend lässt sich feststellen: 1941-1943 legte er im Warthegau Wert darauf, als überzeugter und zuverlässiger Nationalsozialist angesehen zu werden. Er handelte als zuverlässiger NS-Richter, als Täter im NS-Staat. Im Gegensatz dazu zeigt die Entnazifizierungsakte dann, wie er nach 1945 ganz anders erklärte, zwar notgedrungen Parteimitglied geworden, dabei aber ein entschiedener Gegner des Nationalsozialismus geblieben zu sein. Beide Male war seiner Selbstdarstellung Erfolg beschieden.

Seine Einstufung im Entnazifizierungsverfahren als Entlasteter ermöglichte es Ferdinand Trümper, seinen Beruf als Richter in Niedersachsen wieder auszuüben, zunächst in Herzberg am Harz und ab 1952 in seiner Heimatstadt Duderstadt. 1967 stieg er hier zum Leiter des Amtsgerichts auf. Zwei Jahre später beendete er seinen Dienst altershalber. Was im Entnazifizierungsverfahren nicht ans Licht gekommen war, blieb auch bis 1969 und darüber hinaus in Duderstadt unbekannt.

---

[262] A.a.O.
[263] Becker, Maximilian (2014): S. 294.
[264] HStA Hannover: Hann 171 Hild. 21382.

120

08 Verabschiedung

Am 9. Januar 1970 fand die offizielle Verabschiedung Ferdinand Trümpers aus dem Dienst und zugleich die Amtseinführung seines Nachfolgers statt. Dem Anlass der Feier entsprach ihr würdiger Rahmen. Der Präsident des Landgerichts Göttingen, ferner der Leiter der Göttinger Staatsanwaltschaft, die Bediensteten des Amtsgerichts sowie die örtliche Prominenz von Stadt und Landkreis Duderstadt würdigten den Pensionär durch Reden oder zumindest durch ihre Anwesenheit. Wie bei solchen Gelegenheiten und meistens sicher zu Recht üblich, wurde der aus dem Dienst Geschiedene mit wohlwollenden Worten des Dankes sowie mit Abschiedsgeschenken bedacht.

Nicht erwähnt wurde, der Berichterstattung des Göttinger Tageblatts zufolge, die Richtertätigkeit Trümpers im „Dritten Reich". Der Landgerichtspräsident hob in der Verabschiedungsfeier *„die menschliche Wärme und die Umsicht"*[265] hervor, mit denen der Oberamtsrichter seinen Mitarbeitern begegnet sei, und er lobte Ferdinand Trümper dafür, ein guter Richter gewesen zu sein. Er habe dieses Amt *„mit dem rechten Gehalt erfüllt. Er habe sich stets für seine Aufgaben voll eingesetzt und nicht nur nach dem Verstand gehandelt, sondern mit dem Herzen gearbeitet. Trümper sei das Urbild des Richters in einem ländlichen Amtsgericht gewesen, ein Mann, der die Sorgen der Bevölkerung kennt, ein Mann der durchdrungen ist vom Rechten und der genügend Autorität habe."*[266]

Ein Mann, „der durchdrungen ist vom Rechten" – so hatte der vorgesetzte Landgerichtsdirektor ihn also kennengelernt. Bei der Vorbereitung seiner Ansprache muss er aber in die Personalakte Trümpers geschaut und daher gewusst haben, dass er mit diesen Worten einen Richter ehrte, der eine dieser Akte nicht weiter geklärte nationalsozialistische Vergangenheit im Warthegau aufzuweisen hatte.

Im Namen der Stadt Duderstadt würdigte der Stadtdirektor den scheidenden Oberamtsrichter. Er betonte das immer gute Verhältnis zwischen den Behörden und dem Amtsgericht während der Zeit Trümpers als dessen Leiter und wies darauf hin, dass dieser *„zur Entwicklung der Stadt nach dem 2. Weltkrieg entscheidend beigetragen"* habe.[267] In der Tat

---

[265] „Möge das Amtsgericht die 70er Jahre überstehen", Göttinger Tageblatt, Regionalausgabe Duderstadt, am 10.1.1970.
[266] A.a.O.
[267] A.a.O.

121

hatte Ferdinand Trümper sich nach seiner Rückkehr in Duderstadt über seine dienstliche Tätigkeit hinaus als ungewöhnlich aktiver Bürger in zahlreichen Vereinigungen und Ehrenämtern engagiert. Er war – um dieses Engagement zu veranschaulichen – Vorsitzender einer Reihe von Umlegungsausschüssen zur Gewinnung von Bauland im Landkreis Duderstadt, Mitglied des Jugendwohlfahrtausschusses des Landkreises, des Aufsichtsrats der Wohnungsbaugesellschaft ‚Selbsthilfe‘, des Kirchenvorstandes und des Pfarrgemeinderates von St. Cyriakus, der katholischen Studentenverbindung Winfridia (KV) Göttingen und des Altherrenzirkels ‚Goldene Mark‘[268] sowie Mitglied des Kuratoriums des Ursulinenklosters und des Elternrats des Gymnasiums für Jungen. Viele Jahre war er auch Elternratsvorsitzender der St.-Ursula-Schule, einer katholischen Privatschule für Mädchen in Duderstadt. Der Kreisfußballverband schließlich hatte ihm für seinen Einsatz im Bereich des Sports das goldene Ehrenzeichen verliehen.[269]

Der Landrat hob bei der Verabschiedungsfeier Trümpers Güte und Weitblick hervor. *„Immer habe er den Fingerzeig für den rechten Weg gefunden.“*[270] Die Bediensteten des Amtsgerichts dankten ihrem früheren Vorgesetzten für gute Zusammenarbeit. Die Duderstädter Rechtsanwälte drückten ihre Anerkennung für den *„großen Entscheidungsmut“*[271] aus, den der Oberamtsrichter immer und täglich neu bewiesen habe.

Der mit solchen Worten bedachte Ferdinand Trümper erklärte in einer Erwiderung: *„Die Arbeit war mir immer eine Freude gewesen!“* Und: *„Ich habe eigentlich nur immer meine Pflicht getan.“*[272]

Demnach fehlte ihm jegliches Schuldbewusstsein für sein berufliches Handeln im NS-Staat. Vielleicht auch besann er sich in diesem Augenblick tatsächlich nur seiner Richtertätigkeit nach 1945 und verdrängte sein Wirken davor völlig. Ganz vergessen hatte er letzteres aber nicht, denn nach seiner Entnazifizierung und Wiedereinstellung in Niedersach-

---

[268] Das Untereichsfeld, in dem Duderstadt liegt, wird auch als ‚Goldene Mark‘ bezeichnet.

[269] Siehe Südhannoversche Volkszeitung vom 30.11.1969: „Abschied von Richterstuhl und Robe".

[270] „Möge das Amtsgericht die 70er Jahre überstehen", Göttinger Tageblatt, Regionalausgabe Duderstadt, am 10.1.1970.

[271] „Niemand klopfte vergebens an seine Tür!", Südhannoversche Volkszeitung vom 10. Januar 1970.

[272] A.a.O.

sen hatte er beantragte, seine Dienstzeit im „Dritten Reich" auf sein Besoldungsdienstalter anzurechnen – mit Auswirkungen auf die Höhe von Gehalt und Pension.[273]

Die beiden Duderstädter Tageszeitungen hatten bereits im November 1969 je einen in weiten Passagen wortgleichen Bericht über die bevorstehende Pensionierung des Oberamtsrichters, über seine Person und seinen beruflichen Werdegang veröffentlicht. Offensichtlich lag den beiden Zeitungsartikeln eine gleichlautende schriftliche Mitteilung an die Presse zugrunde. Da die Zeitungen zugleich über weitere Interna des Duderstädter Amtsgerichts berichteten, ist anzunehmen, dass alle Informationen von dort stammten. In den beiden Berichten hieß es zu Trümpers Vita wörtlich gleichlautend: *„Soldatendienst in Ost und West und die Gefangenschaft unterbrachen seine berufliche Tätigkeit von 1941 bis 1947."*[274] Dass bei der Verabschiedung Trümpers und dem Rückblick auf seine berufliche Arbeit die Tätigkeit im Justizdienst des Warthegaus verschwiegen und diese Jahre der Soldatenzeit zugeschlagen wurden, war kaum ein Versehen. Es schien damals wohl angeraten, die Richtertätigkeit Trümpers während des Krieges im Osten besser nicht zu erwähnen, besonders, da 1965 ein von der DDR veröffentlichtes „Braunbuch" auch auf seine Arbeit an den beiden NS-Sondergerichten und auf seine dadurch nicht beeinträchtigte Richterlaufbahn in der Bundesrepublik Deutschland hingewiesen hatte.[275]

Die DDR hatte nämlich ihre Archive durchsuchen lassen, selbst nach Polen hatte sie junge Staatsanwälte entsandt, welche dort in Kellern und auf Dachböden nach Akten und Dokumenten suchen sollten[276], um Amtsträger in der Bundesrepublik mit ihrer verschwiegenen NS-Vergangenheit belasten zu können. Das Ergebnis dieser umfangreichen Recherchen, die sich, von wenigen Fehlern abgesehen, als zuverlässig erweisen sollten, veröffentlichte der SED-Staat seit 1957 in zahlreichen Listen und 1965 in dem „Braunbuch". So wurden mit propagandistischer Absicht die Tätig-

---

[273] Mündliche Mitteilung der Pressestelle des Oberlandesgerichts Braunschweig an den Verfasser.

[274] „Abschied von Richterstuhl und Robe", Südhannoversche Volkszeitung vom 29.11.1969. – „Ein Leben im Dienste Justitias", Duderstädter Lokalausgabe des Göttinger Tageblatts vom 29.11.1969.

[275] Podewin, Nobert (Hrsg.): Braunbuch. Kriegs- und Naziverbrecher in der Bundesrepublik und in Berlin (West). Reprint der Ausgabe 1968 (3. Auflage), Berlin o. J.

[276] Mitteilung von Carlos Foth, ehemals Generalstaatsanwalt der DDR, an den Verfasser.

keit zahlreicher Juristen im „Dritten Reich" und ihre nachfolgenden Karrieren in der Bundesrepublik Deutschland offen gelegt. Unter hunderten von Fällen aufgelistet standen auch die Namen zweier Richter des Duderstädter Amtsgerichts:

> **„Lerch, Christoph, Dr.** geb. 2.3.1902
> f r ü h e r: Kriegsgerichtsrat bei der 464. Infanteriedivision
> h e u t e: Oberamtsrichter in Duderstadt"[277]

und

> **„Trümper, Ferdinand** geb. 1.12.1904
> f r ü h e r: Amtsgerichtsrat beim Sondergericht in Leslau (Wloclawek) und Kalisch (Kalisz)
> h e u t e: Amtsgerichtsrat beim Amtsgericht in Duderstadt"[278]

Dazu, dass diese Hinweise in Duderstadt unbeachtet geblieben waren, trug gewiss bei, dass die Bundesrepublik Deutschland zunächst angenommen hatte, die Vorwürfe der DDR gegen überaus zahlreiche Juristen in ihrem Staatsdienst als Propaganda abtun und ignorieren zu können. Die Veröffentlichungen des ostdeutschen Staates erregten jedoch zunehmend und berechtigt Aufsehen im westlichen Ausland wie in Westdeutschland selbst, und die Fragen an die für den Justizdienst Verantwortlichen mehrten sich. Die Suche nach einer Lösung wurde schließlich unausweichlich und führte zu § 111a des Deutschen Richtergesetzes. Unter der Überschrift „Eintritt in den Ruhestand in Sonderfällen" ermöglichte diese gesetzliche Bestimmung Staatsanwälten und Richtern, die während des Zweiten Weltkrieges in der Strafrechtspflege tätig gewesen waren, sich auf eigenen Antrag ohne Angabe von Gründen mit voller Pension in den Ruhestand versetzen zu lassen. Begleitet wurde diese Gesetzesänderung durch eine einstimmig bei wenigen Enthaltungen angenommene Entschließung aller Bundestagsfraktionen. Darin hieß es: „Der Bundestag erwartet, dass jeder Richter und Staatsanwalt, der wegen seiner Mitwirkung an Todesurteilen mit begründeten Vorwürfen aus der Vergangenheit rechnen muß, sich seiner Pflicht bewußt wird, jetzt aus dem Dienst auszuscheiden, um die klare Trennung zwischen der Vergangenheit und der

---

[277] A.a.O., S. 187.
[278] A.a.O., S. 386.

Gegenwart zu ziehen."[279] Die Entschließung auf Todesurteile zu begrenzen bedeutete, die große Zahl der weiteren Unrechtsurteile mit ihren schweren bis hin zu tödlichen Folgen unbeachtet zu lassen. Insgesamt war die Gesetzesänderung ein sehr großzügiges Angebot an die Richter.

Ferdinand Trümper hatte jedoch diesen Weg wie die meisten seiner ebenso betroffenen Richterkollegen nicht beschritten. Zu diesem Vorgang stellt Maximilian Becker allgemein fest: „Verantwortlich für die geringe Bereitschaft in Pension zu gehen war vor allem das mangelnde Bewusstsein, dass sie Verbrechen während ihrer Tätigkeit in der Annexionsjustiz begangen hätten."[280] Ferdinand Trümper muss sich wohl ebenso unschuldig, auf jeden Fall aber sicher gefühlt haben. Zu befürchten hatte er in der Tat nichts. Kein Jurist, der in den annektierten Ostgebieten tätig gewesen war, musste sich wegen begangener Justizverbrechen vor Gericht verantworten.[281] Auch auf die Karriere des Duderstädter Richters wirkte sich seine Tätigkeit in der NS-Justiz nicht nachteilig aus. 1967 wurde er trotz des zwei Jahre zuvor in dem „Braunbuch" gegen ihn erhobenen Vorwurfes zum Oberamtsrat und damit zum Leiter des Duderstädter Amtsgerichts befördert. Diese Personalpolitik entsprach dem allgemeinen Versagen bei der Aufarbeitung der NS-Justizverbrechen in der Bundesrepublik Deutschland.

Es ist anzunehmen, dass die meisten Teilnehmer der Verabschiedungsfeier im Amtsgericht Duderstadt von dem Abgründigen in Trümpers beruflicher Laufbahn nichts ahnten und ihn seit den 50er Jahren nur als Richter und Bürger in Duderstadt wahrgenommen hatten. Wache Staatsbürger, aufmerksame Journalisten hätten allerdings auf den Vorwurf einer NS-Vergangenheit Trümpers durch die DDR aufmerksam werden können. Sein Vorgesetzter, der Landgerichtspräsident, muss aus der Personalakte darüber informiert gewesen sein, dass Trümper nicht, wie behauptet, von 1941 an Soldat gewesen war, sondern bis 1943 Richter im Warthegau. Hinter dem Oberamtsrichter Trümper stand als Schatten sichtbar der Sonderrichter Trümper. Aber niemand hat dies bemerkt oder beachtet. Ferdinand Trümper wurde, von der Veröffentlichung des „Braunbuchs" abgesehen, bis zu seiner Verabschiedung in den Ruhestand und danach bis an sein Lebensende im Jahr 1985 niemals öffentlich mit seiner NS-Vergangenheit konfrontiert.

---

[279] Zitiert nach Friedrich, Jörg (1983): S. 415.
[280] Becker, Maximilian (2014): S. 271.
[281] A.a.O., S. 269.

09 Ungesühntes und verdrängtes Unrecht

Mit Ferdinand Trümper war in der Nachkriegszeit ein Richter in den Dienst des Landes Niedersachsen übernommen worden, der, wie viele seiner Kollegen, zuvor Rechtsprechung im Sinne nationalsozialistischer Ideologie und Zielsetzung ausgeübt hatte, also daran beteiligt war, Recht zu Unrecht zu pervertieren. Die Opfer des Sondergerichts Kalisch, insbesondere die polnischen Opfer, waren in den Nachkriegsjahrzehnten vergessen. Niemand in Deutschland erinnerte an sie, niemand gedachte ihrer. Es ist eine Schande und weitere Schuld der deutschen Politik, dass 60 und mehr Jahre vergehen mussten, bis nach und nach die Unrechtsurteile des NS-Staates pauschal aufgehoben wurden. Seitdem kann auf Antrag von Angehörigen die Aufhebung im Einzelfall durch die Staatsanwaltschaft festgestellt werden bzw. hat die Staatsanwaltschaft „die Feststellung von Amts wegen zu treffen, wenn dafür ein berechtigtes Interesse dargetan wird"[282]. Es kann wohl als sicher gelten, dass die Aufhebung der in diesem Buch herangezogenen Urteile des Sondergerichts Kalisch bislang noch nicht amtlich festgestellt wurde.

Das Tätervolk duckte sich nach 1945 weitgehend weg. Der Täter Ferdinand Trümper duckte sich weg. Dabei ist dem Richter aus Duderstadt nicht zuzubilligen, was für jene jungen Menschen gilt, die in der geschlossenen Gesellschaft des nationalsozialistischen Reiches aufwuchsen. Ohne Möglichkeit, andere Denk- und Sichtweisen kennenzulernen, waren sie der Staats- und Partei-Indoktrination so weitgehend ausgeliefert, dass sie als jugendliche Opfer von Verführung zu betrachten sind. Ferdinand Trümper dagegen war in der Zeit der Weimarer Republik erwachsen geworden. Er hatte ein Jurastudium 1933 abgeschlossen. Ihm ist daher eigene Verantwortung für sein Handeln in der NS-Zeit zuzumessen, auch wenn er selbst im Entnazifizierungsverfahren solche Verantwortung nicht übernahm und sie bei seiner Verabschiedung aus dem Justizdienst mit dem Verweis auf immer pflichtgemäßes Handeln von sich gewiesen hat.

In der Nachkriegszeit fügte Ferdinand Trümper sich in den demokratischen Staat ein, gestaltete die städtische Gesellschaft in Duderstadt mit und hat sich dabei Verdienste erworben. Dennoch bleibt er ein Beispiel dafür, wie problematisch es war, frühere NS-Eliten nach 1945 bereitwillig und so wenig überprüft in den öffentlichen Dienst zu übernehmen.

---

[282] Gesetz zur Aufhebung nationalsozialistischer Unrechtsurteile, § 6, Abs. 3.

Jeder Angeklagte, über den der Amtsrichter Trümper in Duderstadt zu Gericht saß, hätte in Kenntnis von dessen beruflicher Vergangenheit und davon, dass er sie nicht gesühnt hatte, Anlass gehabt, am Rechtsbewusstsein seines Richters, an der grundsätzlichen Gerechtigkeit der Justiz und damit auch an dem über ihn gesprochenen Urteil zu zweifeln. Der frühere NS-Täter konnte, zumal ohne nachgewiesene glaubwürdige Läuterung, prinzipiell kein vertrauenswürdiger Richter sein. Für die westdeutsche Justiz ist es ein grundsätzlicher Makel, dass Juristen wie Trümper, die ohne erkennbares Unrechtsbewusstsein dem Nationalsozialismus gedient hatten, reichlich unbesehen auch im demokratischen Staat wieder Recht sprechen konnten.

Das Amt des Richters hob Ferdinand Trümper in den Kreis der Honoratioren der Duderstädter Nachkriegsgesellschaft. Von ihm war dabei nicht zu erwarten, dass er Einfluss geltend machte, um sich für die notwendige Aufarbeitung der NS-Zeit in seiner Heimatstadt einzusetzen. Sein Verhalten im Entnazifizierungsverfahren und die Umstände seiner Verabschiedung belegen das. Damit entsprach er dem allgemeinen Verhalten der städtischen Nachkriegsgesellschaft in Duderstadt, die sich mit ihrer Geschichte in der nationalsozialistischen Zeit nicht auseinandersetzen mochte, das Erinnern daran abwehrte – und somit in dieser Hinsicht die Erfüllung ihres eigenen, oft betonten Anspruchs verfehlte, gemäß der christlichen Tradition zu leben. Diese sieht im Falle von Schuld Gewissenserforschung, Bekenntnis, Reue und Wiedergutmachung vor.

Die gründliche Aufarbeitung des in der NS-Zeit so schrecklich Geschehenen wäre dabei dringend geboten gewesen. Im Fall Trümper betraf das nicht nur die Justiz. Es wäre beispielsweise wichtig gewesen zu ergründen, wie es geschehen konnte, dass ein Mensch wie er und gleichermaßen viele andere trotz der Erziehung in einem katholischen Milieu und der Bildung an einem humanistischen Gymnasium, trotz seiner engen Bindung an eine christliche Kirche und schließlich trotz seines Studiums der Rechtswissenschaft sich nicht davor bewahren konnte, in die Fänge des Nationalsozialismus zu geraten – nicht als Opfer, sondern wie so viele als Mittäter. Es hätte also unter vielem anderen das gesamte vorherige System der Sozialisierung junger Menschen, die Kirchen eingeschlossen, nach 1945 gründlich auf den Prüfstand gestellt werden müssen, anstatt weithin und ungeprüft an die Zeit vor dem „Dritten Reich" anzuknüpfen. Doch das ist ein neues und weites Feld.

10 Literaturverzeichnis, Archive und Dank

Literatur

Becker, Maximilian: Mitstreiter im Volkstumskampf. Deutsche Justiz in den eingegliederten Ostgebieten 1939-1945, München 2014.

Bremer, Stephanie Sophia: Die Rechtsprechungspraxis des Sondergerichts Köln. In: „...eifrigster Diener und Schützer des Rechts, des national-sozialistischen Rechts ...“ Nationalsozialistische Sondergerichtsbarkeit. Juristische Zeitgeschichte Bd. 15, hrsg. vom Justizministerium des Landes NRW, o.J., S. 73-108.

Denzler, Georg / Fabricius, Volker: Die Kirchen im Dritten Reich. Christen und Nazis Hand in Hand? Frankfurt 1984.

Döring, Stephan: Die Umsiedlung der Wolhyniendeutschen in den Jahren 1939 bis 1940, Frankfurt am Main 2001.

Friedrich, Jörg: Freispruch für die Nazi-Justiz. Die Urteile gegen NS-Richter seit 1948. Eine Dokumentation, Hamburg 1983.

Justizministerium des Landes NRW (Hg.): „...eifrigster Diener und Schützer des Rechts, des nationalsozialistischen Rechts ...“ Nationalsozialistische Sondergerichtsbarkeit, Juristische Zeitgeschichte Bd. 15, o. J.

Madajczyk, Czesław: Die Okkupationspolitik Nazideutschlands in Polen 1939 – 1945, Köln 1988.

Mechler, Wolf-Dieter: Kriegsalltag an der „Heimatfront“. Das Sondergericht Hannover 1939-1945, Hannover 1997.

Müller, Erich: 1939/41 – Umsiedlungen der zerstreuten ostdeutschen Volksgruppen in die neu gegründeten Reichsgaue. (2012.) www.galiziendeutsche.de/hochgeladen/dateien/Umsiedlung-1939-Prof.E.Mueller.pdf. Heruntergeladen am 20.3.2014.

Nolzen, Armin: Nationalsozialismus und Christentum. Konfessionsgeschichtliche Befunde der NSDAP. In: Gailus, Manfred/Nolzen, Armin: Zerstrittene >Volksgemeinschaft<. Glaube, Konfession und Religion im Nationalsozialismus, Göttingen 2011, S. 151-179.

Schlüter, Holger : „... für die Menschlichkeit im Strafmaß bekannt ...“ Das Sondergericht Litzmannstadt und sein Vorsitzender Richter. Juristische Zeitgeschichte, Band 14, o. J.

Schmerbach, Volker: Das „Gemeinschaftslager Hanns Kerrl“ für Referendare in Jüterborg 1933 – 1939, Tübingen 2008.

Schwarz, Gudrun: Die nationalsozialistischen Lager, Frankfurt 1997.

Uhle, Roger: Neues Volk und reine Rasse. Walter Gross und das Rassenpolitische Amt der NSDAP (RPA), Diss. Aachen 1999.

Vogt, Corinna: „Heim ins Reich!“ Die nationalsozialistische Politik gegenüber den sogenannten „Volksdeutschen“ und ihre Folgen. (2011.) www.othes.univie.ac.at/13789. Heruntergeladen: 20.3.2014.

Weinmann, Martin (Hrsg.): Das nationalsozialistische Lagersystem (CCP), Frankfurt/M., 2. Auflage 1990.

Wogersien, Maik: Allgemeines „unpolitisches“ Strafrecht als Kriegsstrafrecht vor den Sondergerichten, in: „... eifrigster Diener und Schützer des Rechts, des nationalsozialistischen Rechts ...“. Nationalsozialistische Sondergerichtsbarkeit. Juristische Zeitgeschichte Band 15, o. J., S. 63-72.

Archive

Archiwum Państwowe w Kaliszu = Staatsarchiv Kalisz (Kalisch)
Archiwum Państwowe w Poznaniu = Staatsarchiv Poznań (Posen)
Archiwum Państwowe w Toruniu Oddzial we Włocławku
= Staatsarchiv Toruń (Thorn), Abteilung Włocławek
Bundesarchiv Berlin
Hauptstaatsarchiv Hannover

Foto
S. 16: Archiwum Państwowe w Poznaniu

Dank

Den Mitarbeiterinnen und Mitarbeitern der oben genannten Archive danke ich für bereitwillige Unterstützung bei der Recherche, Günther Siedbürger für die Durchsicht des Manuskripts.

Veröffentlichungen der Geschichtswerkstatt Duderstadt e.V.:

Bücher:

Chiampo, Guiseppe: **Überleben mit Stift und Papier.** Aus dem Tagebuch eines Italienischen Militärinternierten im Zweiten Weltkrieg in Hilkerode/Eichsfeld, herausgegeben von Günther Siedbürger, Göttingen 2004.

Dies ist die Geschichte von Guiseppe Chiampo, der als 21jähriger italienischer Soldat 1943 nach Deutschland verschleppt wurde. Während der 19 Monate seiner Gefangenschaft im Arbeitskommando Nr. 6008 in Hilkerode im Eichsfeld führte er heimlich Tagebuch, wobei er die bedrückende Situation und die Leiden seiner Gruppe aufzeichnete. Fast 60 Jahre später setzte sich der Autor daheim in Italien noch einmal mit seinen Erlebnissen auseinander und ergänzte und kommentierte die Tagebucheintragungen aus der Erinnerung.

Entstanden ist eine Schilderung der Barbarei des Nationalsozialismus auch in der Provinz, eine faszinierende Mischung aus unmittelbarer und detailgetreuer Wiedergabe der damaligen Ereignisse und einer distanzierten, gelegentlich ironischen Reflexion eines gereiften Mannes im Alter. Der Überlebenswille der Gefangenen, ihr italienischer Erfindungsreichtum und Witz werden ebenso deutlich wie die teilnamslose, kaltherzige Ausbeutung durch das Wachpersonal und das Werk. Dem steht die wohltuende Hilfsbereitschaft einiger Dorfbewohner gegenüber.

Czauderna, Guntram/Hütt, Götz: **Stolpersteine in Duderstadt**, Norderstedt 2012.

Stolpersteine sind ein Projekt von Gunter Demnig. Sie erinnern an Menschen, die Opfer des Nationalsozialismus wurden – an Juden, Sinti und Roma, Zeugen Jehovas, aus politischen Gründen Verfolgte, Homosexuelle und Euthanasieopfer. Es sind Messingtafeln mit Namen und Schicksalsdaten, die vor dem letzten selbstgewählten Wohnort von Opfern plan in den Bürgersteig eingelassen sind.

Das kleine Buch stellt die Geschichte der Verlegung von Stolpersteinen in Duderstadt dar.

Hütt, Götz: **Geschichte der neuzeitlichen jüdischen Gemeinde in Duderstadt**, Norderstedt 2012.

Im Herbst 1812 zogen fünf jüdische Familien in die mitteldeutsche Kleinstadt Duderstadt und bildeten hier eine jüdische Gemeinde. Sie wurden als Fremde wahrgenommen und erschienen höchst unwillkommen, mussten aber auf Grund der liberalen Gesetze des Königreichs Westfalen geduldet werden. Von Trödlern und Lotterie-Einnehmern stiegen die jüdischen Einwohner der Stadt in einer Jahrzehnte während Emanzipation zu bürgerlichen Kaufleuten und Bankiers auf. Sie bauten sich als weiterhin kleine religiöse Minderheit in einem christlichen Milieu selbstbewusst eine ansehnliche Synagoge. Im „Dritten Reich" führten Unterdrückung, Verfolgung, Vertreibung und schließlich die Deportation der letzten jüdischen Einwohner in die Vernichtungslager im Osten zum Untergang der Synagogengemeinde. Und es gibt eine Nachgeschichte: Die Duderstädter Gesellschaft hatte sich nach 1945 in einem schwierigen Prozess der Aufarbeitung auch diesem Teil der städtischen Geschichte zu stellen.

Hütt, Götz: **„Jede Minute, die wir noch leben, ist von Nutzen".** Lebensgeschichtliche Interviews mit ehemaligen Häftlingen des KZ-Außenlagers Duderstadt, Norderstedt 2011.

Sechs Frauen, Ibolya Frisch, Katalin Forgács, Katalin Rutkai, Emma Farkas, Judit Nyitrai und Marta Schweitzer erzählen die Geschichten ihres Lebens. Zweierlei verbindet sie: ihre Herkunft aus ungarisch-jüdischen Familien und ihr Weg 1944/45 durch mehrere deutsche Konzentrationslager – Auschwitz, Bergen-Belsen, das Außenlager Duderstadt des KZ Buchenwald sowie, mit einer Ausnahme, Theresienstadt. Den Erinnerungen von Marta Schweitzer ist als literarisches Dokument aus dem Jahr 1945 ein Erlebnisbericht der damals Siebzehnjährigen über die „Evakuierung" des KZ-Außenlagers Duderstadt beigefügt.

Schwedhelm, Hans Georg: **„Bei denen konnte man immer gut einkaufen".** Das Ende des jüdischen Lebens in Duderstadt, Göttingen 2006. (Vergriffen!)

Hütt, Götz: **Das Außenkommando des KZ Buchenwald.** Ungarische Jüdinnen im Rüstungsbetrieb Polte, Norderstedt 2005.

Auschwitz, Bergen-Belsen, Duderstadt und Theresienstadt waren im letzten Jahr des 2. Weltkrieges nacheinander die gemeinsamen Orte der Gefangenschaft von 750 jüdischen Frauen aus Ungarn. 1944 nach Auschwitz deportiert, dort als Arbeitskräfte selektiert, über Bergen-Belsen nach Duderstadt transportiert, mussten sie von November 1944 bis April 1945 in der Munitionsfabrik Polte Sklavenarbeit leisten – in einem Außenkommando des Konzentrationslagers Buchenwald. Im April 1945 wurden sie in dreiwöchiger Fahrt nach Theresienstadt gebracht, wo sowjetische Soldaten sie befreiten.

Das Buch schildert das Schicksal dieser Frauen. Es stellt das KZ-Außenkommando unmittelbar vor den Toren der mitteldeutschen Kleinstadt Duderstadt dar. Und es thematisiert auch, wie dieses KZ-Lager nach 1945 für Jahrzehnte vergessen wurde und welche Widerstände es gegen das Erinnern gab.

CD:
Marta Schweitzer: **„Jede Minute, die wir leben, ist von Nutzen."** Evakuierung aus dem KZ in Duderstadt. Aufzeichnungen vom 29.4.1945. Sprecherin: Jenny König.

DVD:
Mirosław Kukliński: Als Zwangsarbeiterkind in Südniedersachsen 1944 – 1946. Filmisches Interview.

Der vierjährige Mirosław erlebte Kämpfe während des Warschauer Aufstandes 1944 und wurde mit seinen Eltern verschleppt. Er erinnert sich an die Zeit als Zwangsarbeiterkind mit seiner Mutter in Duderstadt, seine Befreiung durch Truppen der USA, das Schicksal der Displaced Persons und das Wiederfinden des Vaters in Warschau. Er erzählt, wie sein eigenes Leben nach dem Krieg beeinflusst wurde durch eine Liebe zu den USA, die in Duderstadt der Begegnung mit den amerikanischen Befreiern ihren Anfang nahm.

Der Film enthält das Interview mit Mirosław Kukliński in drei Teilen mit deutschen Untertiteln.